人間を考えるヒント
ダーウィン紹介者・丘浅次郎の知恵

丘浅次郎（吉川弘文館『国史大辞典』から）

目次

はじめに

丘浅次郎は１９６８年（明治元年）、現在の静岡県磐田市掛塚で生まれ、１９４４年（昭和19年）に亡くなった生物学者です。ホヤやヒルなどを研究しましたが、ダーウィンの進化論を一般の人にもわかりやすく紹介したことで知られています。その著書は、１９０４年（明治37年）に出版した「進化論講話」で、ベストセラーとなりました。東京高等師範学校（現筑波大）教授を長く務め、進化論をバックボーンに多彩な社会評論を展開しました。人類を生物の一種と規定し、合理的、冷徹に人間社会を分析しました。その評論は、戦前の知識人を中心に影響を与えましたが、戦後はあまり顧みられませんでした。

しかし１９６６年（昭和41年）、筑摩書房の「近代日本思想大系」の９巻として、「丘浅次郎集」が出版されました。全部で36巻ありますが、福沢諭吉ら著名な思想家に混じって紹介され、自然科学者としては唯一です。日本の近代思想史において、影響を残した一人として評価されたわけです。

今回、本書をまとめたのは、丘の思想に現代的な意味があると考え、その概要を知って欲しいと思ったからです。丘の思考は、どれも合理的、本質的で、根拠のない希望的考察を排除しています。その核心は「生物はその強みによって繁栄し、強みが弱みに転化して滅びる。人間も例外ではない」という主張です。これを基本線に進化や教育、戦争や文明、自由を論じました。

本書は丘の著作や評論の核心部分について紹介したものです。なるべく原文に忠実に抽出し、わかりやすくするため一部の表現を変更しました。文意は変わっていません。主要な評論はカバーしています。丘の主張に賛成するか反対するかは読者の自由です。丘自身、「自分はこう思う」と評論するスタイルで、自らの主張を人に押しつけようという人ではありません。ただ、進化論から見た現実については直視すべきだという信念は貫いています。その上で、それぞれが考えるべきだという姿勢です。

書名を「人間を考えるヒント」としたのは、そのためです。生物としての本質は変わらないし、変えようがない。その上で、それぞれがどう考えるか、どう行動するかが問われている、という立場です。丘が生きたのは、19世紀後半から20世紀前半で、列強が勢力拡大にしのぎを削る帝国主義の時代です。丘の思考は当然のことながら時代の制約を受けており、民族間、国家間の戦いに勝ち抜くべきだという主張も多くなっています。その他でも、現代に生きる我々が違和感を抱く点はあります。

しかし、そうした制約を超えて、普遍性を感じさせる視点、常識の変更を迫る視点がたくさんあります。冷戦終結後、世界は国際協調への機運と期待が高まりましたが、今は中国の台頭、トランプ政権が誕生した米国の変化、これらを受けたアジア、欧州の情勢の変化で、先が見えない時代になっています。

　個人レベルでみると、日本では少子高齢化が進み、人口減少が続いています。長寿は本来歓迎すべきですが、「人生１００年時代」と言われても老後の資金や健康が心配で、将来不安が高まる時代になっています。丘に言わせれば、将来への不安は健康に最も有害だそうです。

　しかし、どんな時代になろうと、生物としての人間は生きて行かなければなりません。そうであるなら、将来により希望を持って、より楽しく、いきいきと生きていきたいものです。人類が滅びると言っても、すぐに滅びるわけではありません。逆説的ですが、人間の限界を知ることが、よりよく生きることにつながるようにも思います。丘の主張はそのためのヒントがたくさん含まれているはずです。この本を読んで少しでも元気になって頂ければ幸いです。

２０２０年１月　長谷川　智

第1章　人類

丘浅次郎の真骨頂は、生物学の研究で得た知見を、人類に適用したことにある。その鋭さは、我々の常識を覆すようなインパクトがある。そのエッセンスは、１９０９年（明治42年）に書かれた「人類の将来」に凝縮されている。まずはこの論文を紹介する。

「人類は他の動物に比べて、どんな点が優れて、打ち勝ち、今日の地位を占めるに至ったのだろうか。おそらく誰にでもすぐに気がつくことであろうが、思考力、推理力の器官である脳髄が発達していること、自由自在に動かせる手を持っていることである。『人間は機械を使う動物』と定義しても差し支えない。どんな器官も一足飛びに発達するものではなく、順序を経て進むもので、人類の脳も手と機械を通じて得た経験に伴って発達した。ここに関係しているのは言語で、『人類は言語を有する動物』という定義もできる」

丘はまず、人類の特徴を思考力の高さを示す脳の発達、機械などを扱うことができる自由に動かせる手、と分析した。これらは経験と言語によってさらに発達することができた。現在注目されている人工知能（ＡＩ）は、過去の経験を蓄積し学習して発達するという意味で、人類の歩いてきた歴史そのものであろう。

丘は続いて、人類以前に地球上で全盛を極めた動物を振り返る。

「古生代における魚類、両棲類、中生代における爬虫類、その後の獣類が順に全盛を極めた。中生代のトカゲ類は、今の鯨より大きく、体長30メートル近い動物が全盛の時代もあった。翼を広げると6メートル以上の鳥もいた。獣類も同様だった。しかし、いずれも滅びた。大いに研究すべき問題だが、生物学者の間には何の説もない状態で、普通にはこれらの動物より優れた動物が現れたので生存競争に敗れたと思われているが、さらに深く研究すべき問題である」

「優位の位置に立っているということは、生存競争上、その動物にとって有利な点である。仮に同等の競争者が現れたとしても、決して容易に負ける理由はない。私は滅びた動物の種の中に自ら滅亡すべき原因が生じてこの原因が内から働くのと、外から攻める敵の力が合わさって滅亡させたのだと考える。物が滅びるには二通りの原因がある。一つは外から働く原因、もう一つは内から働く原因である。我が国の歴史をみても、平家が滅びて源氏が興ったのは、平家が優勢を占めるべきはずなのに源氏がそれ以上に勝り、競争の結果倒したのではない。平家が滅びる原因が内から働いて、危なくなったところを源氏が外から突き崩し、内部の朽ちた枯れ木がささいな風で倒れるように滅びたのである」

全盛を誇った者が内在的な理由で滅びることを指摘したのは、18世紀のイギリスの歴史家ギボンが著した「ローマ帝国衰亡史」がある。平家衰亡史の平家物語も同様で、「祇園精舎の鐘の声、諸行無常の響きあり。沙羅双樹の花の色、盛者必衰の理をあらはす。おごれる人も久しからず、ただ春の夜の夢のごとし。たけき者も遂にはほろびぬ、ひとへに風の前の塵に同じ」の書き出しはつとに有名である。「絶対権力は絶対滅びる」と言われるが、丘はそれを生物や人類にも適用したといえる。さらに論を進める。

「絶対優勢の動物を内から滅亡させる原因は何だろうか。いずれの場合にも、その種族を勃興させた原因と同一である。例えば、ある動物は体が大きく、筋肉が強いことによって他の種族に打ち勝ったが、それは生活に大量の食物が必要で、成長に多くの年月がかかり、繁殖が遅く、敏捷性を欠いていることでもある。一定の度を超えれば、体の大きさが生存上、不利になる。国にたとえれば、多くの海陸軍を造った貧乏国が、武器を維持するために重税を課する結果として、すべての面で疲弊し、最後は国が滅ぶことだ。筋力で天下を取った種族は、自己の種族内で相互に筋力をもって争う。牙で優位を占めた種族は、相互に牙で争う。他の種族に優位に立った性質を際限なく突き進めないと止まらない状態になる」

これは我々も日常的に経験することではないだろうか。「目には目を、歯には歯を」という言葉がある。人から被害を受けた場合、相手にも同等の報復をするという意味だが、これが高ずると報復合戦になり、お互いが滅ぶ可能性もある。丘は人間社会の変化をさらに見据えていく。

「社会が進むと、所有権が生じる。財産が現れ、財産を貸して利子を取る制度も生まれるが、必然の結果として、貧富の差が激しくなり、富める者はますます富み、貧しい者はますます貧しくなる。一つの社会の中に、遊びながら贅沢を尽くす少数の富者と、どう働いても生活に必要な衣食さえ十分でない無数の貧者が生まれる。これだけでも社会の退廃、人心の堕落の原因としては十分である。苦しみを忍んで金銭を貯めようと決心することを奮発と名付け、何らかの方法によって金銭を貯めたことを成功と称する。父兄は行く末を思って子弟に奮発を強い、雑誌は成功者の例をあげて青年を扇動するため、金銭のための競争が激しくなる。しかし、一人の富豪が誕生するには多くが貧苦を忍ぶのは計算上明らかだ。肉体の欲は際限があるが、金銭欲は際限がなく、富者は地位を利用してますます富み、貧者はますます苦しむ。貧富の差が甚だしくなり、一度貧困に陥った者は容易に脱することができず、金銭のための競争が激烈になって、道義や人情を顧みないような世の中になる」

ここで言う金銭の競争が進むと言うことは、資本主義の発達とほぼ同義だろう。むきだしの欲望が社会の進歩につながる一面はあるが、副作用としての貧富の差が大きくなるのも事実だ。副作用対策の一つとして、イギリスの経済学者ケインズ（１８８３～１９４６）が提唱した経済対策は、大きな影響力を持った。政府の役割を重視し、税制を通じた分配政策、福祉政策、景気の振幅を小さくする対策の重要性を説いた。「大きな政府」と言われ、資本主義の欠陥を小さくした。丘は社会の貧富の差から人間そのものに目を向ける。

「人間は何事にも機械を用いる結果、生活が自然の状態から遠ざかる。火をともして夜も明るくし、炭を炊いて冬を暖かくする。夏も氷を造り、扇風機で暑さを防ぐが、自然に反した生活をすると身体は次第に自然に対する抵抗力が減り、わずかの寒暖にさらされてもすぐに病気にかかるようになる。火を用いて食物を煮て食べるようになると、固い物をかむ力が弱くなり、歯も悪くなる。途上国に比べて先進国の方が一般に歯が悪く、富者の方が悪いことは歯科医のよく知るところである。料理方法が進化すると、胃がそれだけ弱くなり、胃腸薬を飲まないと消化しないようになる。出産も本来は普通の生理的な作用で軽く済むものだが、今は生死に関する重大事態となり、産科医、看護師、助産師らの助けがないと産めないようになり、難産の割合が次第に増していく。体が弱くなると、マフラーや手袋などの防寒具、暑いときの避暑具、いろいろな薬が必要になり、何か一つ欠けても病気になる。生活費が高くなり、生活の難しさが増し、生存競争にいっそうの努力をするようになる」

明治時代に比べ、今はいろいろな意味で便利になった。エアコンは欠かせない家電製品で、夜寝るときもかける人が多い。特に温暖化で記録的な猛暑を記録することが多い最近の夏は、エアコンの利用を盛んに進め、２０１８年の猛暑をきっかけに小中学校が競って導入を進めるほどになっている。人は便利さをどんどん求めるが、一方でそうした社会が人間を弱くするという発想は現代人には少ない。丘は便利さが心身に与える影響をさらに考察していく。

「激しく競争しないと自分の生存が危ういという不安の念が頭を離れなくなる。それだけでも神経をはなはだしく刺激する。便利さや娯楽のために使う機械も神経を刺激する。電車や汽車に乗れば、騒音が脳の中枢を刺激する。慣れてしまえばあまり感じなくなるが、それは意識に入らないだけで、耳や神経や脳は大きな刺激を受けている。映画は視神経を刺激する。刺激が大きすぎると、神経は次第に衰弱する。働きが過敏になり、病的になって些細なことでも気にかけ、わずかなことでも過剰に心配する。逆境に立つと失望落胆したり、自暴自棄となってしまう」

「教育が進んで脳の働きが活発化すると、万事自分の知力で判断し、識別する力が増す。もし社会に不条理な制度が存在するとわかると、不都合を感じ、そのために不利益な立場にある人は耐えがたい不平を感じるようになる。かつては貧富の差を何も感じなかった人が、知識をつけるに従ってその理由を知ろうとする。不条理きわまることを発見すると、不平、不満の念を禁じ得なくなる。西洋の文明国には、無産政党が生まれているが、不平のために生まれた結社で、不平の原因が消滅しない間は、こうした結社はますます多くなるだろう」

「人類社会に何でも交換できる貨幣が登場した後、自然淘汰の動きが中断した。本来なら身体の健全さと精神の優秀さを基準とした淘汰があるはずだが、人類は金銭的な貧富によって生存が決まるようになった。淘汰が止まれば、淘汰の基準であった点が退化し始めるのは生物学上、動かせない確かな事実である。洞窟の中で目の優劣を基準とした淘汰がないと、目は次第に退化する。飛ぶ力の優劣を基準とした淘汰がないと、鳥は飛べなくなる。西洋諸国には人類の退化現象に気づき、学者が集まって対策を議論し始めたが、淘汰がない限り、退化は避けられないのである。日本では今、社会の退廃や人心の堕落を嘆く人は多いが、その原因が人類自身の性質の内部に起こった以上、今後も同一の方向に進むだろう。退化の現象がさらに進んだ場合、人類の身体上、精神上、社会上にどんな変化が生まれるだろうか。これは今から慎重に研究しておくべき大問題である」

エアコンを必需品として使い、複雑化する社会に生きる現代人にとって、丘の言説は少し大げさで、違和感を感じる部分があることは事実だ。時代の違いもあって、１００％肯定できない点もある。しかし一方で、丘の主張を完全に否定できないことも厳然としている。重要なことは丘の言説を我々なりに受け止め、次の社会に活かしていくことだろう。

丘は、生活の困難、人心の堕落が身体に与える影響を考察する。

「第一に影響を被るのは、性欲に関する面である。生活の費用が高まるにつれて、結婚して一家を支え、妻子を養うことは簡単ではなくなり、相応の資産を持った後でなければ結婚ができなくなる。自然に晩婚の風が生まれ、中年以後まで結婚しない者がだんだん多くなる」

「生活難が増すに従って、結婚の目的が一変する。従来のように清き家庭を造って、健全なる後継者を生み育てるためでなくなる。男は富者の娘と結婚して出世の手がかりにしようとし、女も富者に嫁いで生活難の心配なく暮らそうとする。その結果、妊娠を嫌い、あらゆる方法を使って妊娠を避けようとする。子を育てる面倒を避けようとする人が多くなれば、産児の数が減るのは当然で、フランスは国力が衰える恐れがあるとして、対策を講じている。養育を人に任せて自分は楽になろうと思う女性が多くなると、乳を分泌する能力が退化し、西洋では子を産んでも乳の出ない女性が増えている。この現象は今後、さらに進むであろう」

以上は現在の少子高齢化を予感している。日本では晩婚化の原因は、非正規雇用の増加など主に経済的な理由と考えられることが多いが、丘によれば「性欲」の問題となる。日本の少子化は止まる気配がないが、ここで指摘されているフランスは、対策の強化で出生率が上がっていることは興味深い。人間への影響はさらに続く。

「生存競争が激しくなって、自分の生存が危うくなるという心配が頭から離れないと、常に不安の念に耐えられず、苦悶の状態に陥り、何らかの手段で現実世界を忘れようとする。酒やたばこが至るところで盛んに用いられるのはそのためだ。無意識のうちにこれらで文明の圧迫を少しでも避けようとする。酒もたばこも有毒な物質を含み、大量に使い続けると中毒を起こす。さらに恐れるべきは、子孫の体質を害することである。医学上の統計によると、体質に異常のある人の多くは、その父母や祖父母に大量の飲酒者がいるといわれる」

「農産物の多くはそのまま消費者の手に渡るので、混ぜ物はないが、食品が工場で作られるようになると、大量製造、大量貯蔵のために防腐剤を加えることになる。利益を得ようと、大量の添加物を使うことになる。一方、製造業が盛んになると、仕事がどんどん細分化され、身体の動きも一部に偏ることになる。目を使う者は過度に目だけを使い、耳を使う者は同様に耳だけ使うようになる。職業によって、年中絶えず綿くずを吸い込むとか、塩酸の煙を嗅ぐとか、自然の生活にはない有害物に触れ、身体はだんだんむしばまれる。田舎が衰退し、都会が繁栄すれば、この害の範囲は広くなり、結果もより悪くなる」

精神が不安になった場合、ここでは酒とたばこを例示している。今は酒の飲み過ぎのリスクが叫ばれ、たばこに至っては「百害あって一利なし」という認識が社会に浸透し、酒とたばこの害は、おそらくかつてより小さいだろう。しかし、覚醒剤や大麻など法律に触れる薬物汚染は後を絶たない。丘は製造業が発達した場合の危険性も指摘している。作業の細分化による各種の問題は戦前、チャプリン（１８８９～１９７７）が映画「モダンタイムス」で世に訴えた。戦後の高度成長期は、公害が大きな社会問題になった。アスベスト（石綿）による労働者への影響は21世紀になって顕在化した。それぞれにそれなりの手は打たれているが、人類の生産活動に伴う本質的な問題には違いない。

　これまでは自然を離れた生活による身体の退化を論じてきたが、丘は続いて、知力の進歩に伴う精神への影響へと筆を進める。

「教育が進み知識が増えれば、何事もその理由を知ろうとし、従来ただ他動的に教えられ、そのまま信じてきたことに疑問を感じるようになる。知識の権威から脱して、独立して考えようとなる。精神的解放といっていいが、すべてに疑念が生じることでもある。なかでも影響を及ぼすことが著しいのが、道徳上に関する疑念であろう。金銭のやりとりだけをする人や生存競争に追われて道徳を考える暇もない人には関係ないが、少しでも学問をするようになると、道徳の教えと現実の社会を比べて、大きな疑問を感じるようになる。書物では善人が栄え、悪人は滅びるかのように書いている。実際には貧富の差、生存競争の激しさで、善人が滅び、悪人が栄える方が多いようにも感じる。正直に一生懸命働いてきた人が災難にあい、不正直な横着者が財産を造った例もある。従来の道徳を根底から吟味すべきだという観念が浮かんでくる。一方、自分の打算から判断して道徳に従った方が得がある場合は、道徳を尊重する。道徳を破った方が得だと考える場合は、道徳を捨てる輩も多い。西洋諸国では、多くの方面の道徳が衰退しているのに、商業上の道徳が固く守られているのはこうした動機によるのだろう」

「生活難に伴って宗教の重要性を説く声も多くなっているが、信仰の復活と見なすべきではないだろう。競争の結果不安になり、何物かにしがみついて安らぎを求めようとすることだから、おぼれそうな人がわらにもすがろうという姿で、純粋な信仰ではない。知力が進んで懐疑の念が増した時代にあって、宗教は多くの人に安心を与えるものではない。道徳も宗教も生活難と知力の増進に伴う懐疑や不安の念を抑えることはできない。生存競争は一刻も休まず追い立てるので、人心はただ堕落の方向に進む以外にない」

人間の行動を律するはずの道徳も宗教も、知力の時代には無力だと説く。競争中心の資本主義が貫徹していくと、人心の動揺が進むことを強調している。道徳や宗教が無力という指摘には、賛否あるだろう。厳しい時代だからこそ、道徳や宗教の力が必要だという主張も一理あるだろう。ただ、道徳にしても宗教にしても、単純な善悪論では通用しないだろう。時代状況に応じた内実が問われているようだ。

丘は人間社会の変化を追う。

「人類が社会を形作って生存している以上、お互いに協力することが何より大切だが、人心が堕落すると、協力の念が薄らいでいく。競争が激しくなると、自分一人の牛存を図ることに全力を尽くし、なお不安になる。何事をするにも自分一人の利害損得から判断するようになる。人類のように元来、協力の本能の薄い動物は、制裁を設けてお互い戒め、協力するようにする仕組みが必要である。かつては道徳や宗教がこうした役割を果たしてきたが、今は法律だけがその役割を果たすようになった。世の中は私欲と法律の競争となり、私欲は法律の隙間を探し、合法的にもうけようとする。するとこれを防ぐために新たな法律を作ることになり、両者の確執はエスカレートする」

「団体自治では、多数の人々に適当と認められて選ばれた人が議員となるべきだろう。しかし、私欲が横行すると、地位を利用してもうけようと思う者が候補者となり、当選しようとする。知力が進めば道徳や宗教を懐疑するのと同様に、社会の制度に対しても批判的になる。不条理には反抗の念を起こさざるをえない。社会の制度を変えようとすると、国を治めている側は社会の秩序が乱れるとして弾圧しようとする。思想を発表しないようにさせることはできるが、心の中で思うことを変えることはできない。時の強者に反抗するのは損だから、多くは自身の利害を考えて、静かにしている」

丘のこの論文は、8章に分かれている。最終章に入ると、丘らしいユーモアと皮肉が混じっている。好悪はあるだろうが、丘の魅力の一つでもある。

「人類の将来などと言う問題は、到底40ページや50ページで論じられるものではないから、ここでは大体の筋道を述べたに過ぎない。それでも人類がどういう方向に進んでいるかということは多少、明らかにできたと思う。人類は過去の各時代に一時全盛を極めた他の諸動物と同じく、次の時代までに全滅を免れないとみなすのが適当であろう。今日の人類は、不治の病の初期症状にかかっている有り様で、到底全快のない病人といえる。地球上の各民族は常に互いににらみ合って、倒そうとしているから、外に向かっては軍備を固め、内では症状が進まないように務めなければならない」

「人類ではこれまで国を直そうとしてきた人もいる。今日まで名を残している人にキリストや孔子がいる。これらの人の教えは簡単で同一である。すなわち、『己の欲するところを人に施せ。己の欲しないところを人に施すな』である。この教えを実行できさえすれば、社会の退廃も人心の堕落もないが、惜しいかな今の世の中では実行が到底おぼつかない。根本的な治療がないとすれば、その他の方法を求めるしかない。文明国にはたくさん行われている。例えば、養育院、孤児院、慈善会、出獄者保護会、安価食物供給所、無銭宿泊所、労働者養老金などがある。これらは病の原因を取り除くのではなく、単に現れた症状に対する療法だから抜本策ではないが、適切に行われれば効果は十分にある。累進的税制など外科手術もある。これらの対策は、今後奨励され、できる限り協力の精神を失わないよう努めなければならない。これが軍備の充実とともに他の民族に負けないための唯一の手段である」

当然だが、丘の主張は時代の制約を受けている。帝国主義の時代であり、他国、他民族に勝つために外には軍備拡張、内には福祉など民生政策の充実を主張している。また、優生思想に基づく対策も記されている。これらは今の時代に受け入れることはできないが、「人類は他の過去の諸動物同様、全滅を免れない」という指摘や人類の現状分析は、時代を超えて今も大いに傾聴に値する。

最後は丘らしく終わっている。

「最後に一言いいたいことがある。一昨年1月の中央公論に『所謂《いわゆる》文明の弊の源』という一文を載せたが、ある人から『読者を悲観させる』と注意を受けた。しかし、そのような心配は無用だと考える。人間には寿命があると言うことはみんな知っているが、そのために悲観に陥ったという人は聞いたことがない。また、地球は最初は火の塊だったが、冷却して固形の地殻が生じ、くぼんだところに水がたまり、その後に種々の生物が生まれ、今日まで来た。今後はさらに冷却して、土は凍って石となり、空気も凍って液体となり、生物は到底生活できない。今の生物はその前に消え失せるということは、地球を論じた書物の多くに明記してある。私がここで述べたことは、地球の生物が全滅する前に、人類は滅びるだろうと予言しただけだ。来ることは確実でもいつ来るかわからない危害は、当分来ないものと考え、気にかけずに生活することが健康な人である。汽車で旅行をすれば事故に遭うかもしれないが、乗ってから降りるまでずっと心配している人はいない。万一この文を読んで悲観に陥る人がいれば、今はやりの神経衰弱症にかかっている人だろう。速やかな療養を勧告する」

人類についての丘の現状分析は、確かに悲観的である。最後の方で一応の対策を書いているが、論文の主眼が人類の将来である以上、現状を踏まえた将来の姿に重点を置いている。我々はこの一文から何を読み取るべきだろうか。私は、生物としての人類の本質を見極めた上で、個人同士や国同士が協調して生きるべきだということだと思う。国内では富の格差を放置せず、累進税率の強化による分配政策の強化であり、福祉政策の充実であり、広い意味での教育政策の拡充などだろう。国際的には一国主義に走らず、協調することが世界の平和と安定につながるという政策であり、行動だろう。キリストや孔子の掲げた理想を、制度政策として具体化する地道な努力しかないだろう。

そんなことを考えても、地球滅亡前に人類は滅亡するかもしれない。この点では丘の言う通りかもしれない。しかし、目の前の問題について、地球の将来や人類の本質という大きなスケールで考えることが、人類の行動を変化させることにつながるのではないだろうか。自分だけの利益、自国だけの利益で行動することが、回り回って人類に不利益をもたらし、不幸にする。それこそが丘のメッセージだと考えたい。

第2章　進化Ⅰ（人間）

この章では「進化Ⅰ」として、主に人間の進化を扱う。解説するのは、1914年（大正3年）に書かれた「人類の過去現在及び未来」。東京高等師範学校（現筑波大）の教養講座の講義録として書かれた書物で、丘は「教育関係者の参考になると思われる事項を選び、専門学上の詳細は一切省いた」と書いている。また、「教育を研究しようとする者は、必ず生物学を修了すべきだと考える。その理由は、生物学によって人間とは本来いかなる物か知ることが、教育上必要だからだ」と述べている。学問は人間を対象とする。教育も人間を対象とする。である以上、学問や教育の基礎に関連して、生物への正しい認識があるべきだという主張である。

全部で10章ある。1章から4章まではそれぞれ「生物の進化」「人類の身体」「人類の発生」「人類の化石」という章で、生物としての進化の基礎について、書いている。まず4章までを要約しながら解説する。

「人類の過去を論ずる場合、人類を含む生物がいかなる歴史を通ってきたかを知ることが肝要である。生物は長い間に変化する、ということは生物に関する学問が進んできてわかった。その根拠は、第1に現存する生物の身体そのものを1個1個調べ、数種の生物の構造を調べることでわかる。第2に生物の発生を調べてもわかる。第3は化石が直接の証拠となる」

「さらに詳しくみてみよう。解剖によっても証拠が得られる。例えば動物の身体に多くの不用な器官があることがわかる。かつて使ったが、子孫になるに従って、不用になったと思われる。動物の発生から得た証拠では、成長した牛、羊、鹿などには上あごの前歯がない。しかし、胎児には前歯があり、後で消える。これは先祖が上あごの前歯を使わなくなったと考えられる。化石は地層の古さによって生物の変化が直接わかる証拠である。次の２点を指摘したい。第１は、生物は一定不変ではない。１０００万年、１０００万年単位でみれば、大きく変化している。第２は、同一種類として変化するだけでなく、子孫になって多くの種類になることがある」

最初に生物は変化・進化することを認識しなければならない。ダーウィンの進化論の核心で、今では常識だ。しかし、「人間は創造主によって造られた」というのが通説だった時代、進化論は衝撃であり、生物学にとどまらず、多くの分野に影響を及ぼした。丘は進化を人間で具体的に考えていく。

「人類の変化を考えてみたい。よく引き合いに出されるのが、耳である。外部から見ただけではわからないが、内部には比較的大きな３種類の筋肉がある。今では耳を動かせる人は少ないが、先祖は耳を動かし、その後、無用の筋肉になったと考えられる。尾の骨もある。短い骨で、周囲には尾を動かす筋肉もある。先祖は犬や猫のように尾を振り動かしていた。盲腸もそうだ。痛くなって盲腸を切っても支障はない。草を食べる動物の盲腸は大きいが、人類は生活の変化で必要なくなったのだろう。頭の後ろから肩にかけて伸縮しない筋肉がある。かつてはハエを追い払うときに皮膚を動かしていたが、不用になったと思われる」

「人類の特徴を見ていくと、近いのは獣類で、皮膚に毛髪がある、身体が温かい、卵生ではなく胎生、乳で子を養う、という共通点がある。人類と特に近いのは猿類で、四肢の指が5本で、親指が他の４本の指と向き合い、物をつかむことができる。目の周辺が骨で囲まれている、といった共通点がある」

丘は5章「人類の知能」、6章「人類の過去」、7章「人類の現在」で、人類について考察を加えていく。

「精神の働きにはいろいろな種類があるが、一般的には知の働き、情の働き、意の働き、すなわち知情意の働きの三つに分けられる。他の動物と比べてみると、情と意の働きは、人間と他の動物も大きな差はないと思われる。情の働きで言えば、親が子を愛する行為は他の動物でもみられる。意の働きでは、ある動物が何かをやろうとし、何か邪魔者が妨げようとすれば、それを排除しようとすることもよく見られる。人間が明確に違うのは知力ということになる。他の動物にも知力はあるが、その程度の差は大変大きい。知力については脳髄を比べれば、よくわかる。動物の中で脳髄が一番大きく、表面が広いのは人間である。次いで、馬や牛、続いて犬、猿、象などである」

「人類にとって大きな出来事は、火を使うようになったことである。長い年月がかかったが、火をつけることを覚えてから、鉱物を溶かして青銅器や鉄器を造ることができるようになった。それ以前の古い遺物は、すべて石だった。石の矢や石の斧などがたくさん掘り出されている。火を使えるようになっても初期は土器を造る程度だった。青銅器や鉄器を造るようになって道具が誕生した」

「こうしたことができるようになったのは、脳髄の働きである。その結果として、発達した言語を持つようになった。道具が誕生して、いろいろな働きができるようになると、経験を重ね、それを記憶し、脳がさらに発達することになる。言葉の発達と脳の発達は、それぞれが原因と結果になり、どんどん進化していく」

続いて人類の現在を考察していく。

「結論から言うと、人類は手と脳の発達で他の動物と大きく違う。手を使うことでいろいろなことができる。脳は言語を生み、知識を積み重ねることができる。かつての人間は、一方で人間同士で争い、他方で他の動物と戦うという二つの敵があった。今も人間同士の敵は存在するが、他の動物にはすっかり打ち勝った」

「人間は一個人から団体を造るようになった。団体が大きくなれば他の団体より強くなるが、団体が大きくなるに従って、団体内での利害一致が難しくなる。国が今日の生存競争で一番高い単位の団体となる。考えようによっては、国の上に人種という単位もある。ヨーロッパ人種、アジア人種などがあり、人種同士、人種の中の国同士が争うこともある。人種が違うとなぜ嫌うのかはよくわからない。生まれながらに持っている感情だけで嫌う、違っているだけで嫌うことになる。人種同士の衝突をどう解決したらいいだろうか。日本ではあまりみられないが、アメリカなどの新開地では、白色人種と黒色人種の対立がある。人類は手と脳で他の動物に打ち勝ったが、異なった人種同士、異なった国同士の争いが絶えない」

「文明国で容易に治まりそうもない争いが、富裕者と貧困者の争いである。争いの原因はどこにあるかといえば、自在に動かせる手でいろいろな道具を使っていろいろな仕事をするが、道具があると所有主は誰かという問題が生まれるからだ。道具の所有権によって報酬の違いが生まれる。能力は違わないのに、道具の所有によって貧富の差が生まれる。貧富の差も手と脳の力で争っているといえる。人種同士、国同士、個人同士は、手と脳の力で争っていることになる」

丘の特徴は、生物学的な分析を人間社会に応用している点にある。しかも本質的な要因に着目し、抽象化した形で理論化している。抽象化の過程で、捨象したり無視したりする要因もあって、丘自身、絶対的に妥当な応用とは言っていない。しかしその分、人間社会を考察する視点としては鋭くなり、我々に訴えかけるメッセージは強い。

8章では「人類の未来」、9章では「人類の改良」、10章では「教育の問題」を取り上げている。

人類の未来は、丘の真骨頂だが、丘は自説を絶対だとは言っていない。

「これから述べる人類の未来は、他の人が述べたことではなく、私個人の考えである。おそらく全く反対の意見を持っている人も多くいるだろう。かつてある雑誌に要点を書いたことがあるが、多くの反対意見があった。私の考えは、おそらく多数の人が好まない、気に入らない説であり、私も承知している。しかし、学問上の説は、気に入るか気に入らないかの問題ではない」

一方で、自説には自信を持っていることもわかる。生物界の歴史を振り返りながら、人類の未来を考えていく。

「かつてトカゲの類い、後に獣の類いが全盛だったが、その当時は他の動物がその後に全盛を迎えることは夢にも思わなかっただろう。全盛だった動物の数が減り、身体の大きさも小さくなり、いる場所もだんだん狭められていった。全盛を迎えた理由は、身体の大きさとか繁殖力が盛んなどそれぞれあったと思われる。それらの武器は他の生物を征服するには非常に役立ったと思われる。しかし、他の生物を征服すると、次は敵がいなくなって、仲間内で争うことになる。敵に打ち勝つと繁殖力が増して数が増えるが、数が増えると食料争いや場所争いが起きる。争いを続けると自らの武器がどんどん強くなるが、発達すると、その動物には不利になる。途中に断絶して子孫を残さなかった生物は、身体のどこかの部分が度を超えて発達したと思われるようなことがしばしばある。化石を調べると、ある種類の鹿は、角が大きくなりすぎて、どう生活していたのかと思わせる。獣の牙も大きくなって、口を閉じても牙が口からはみ出し、あごより牙が長くなっている。これらは次の時代に滅びている。これらの説は誰も言っていない。自分一人の説であるが、敵のいない人類はどうなるだろうかと思わせる。人類はいま全盛で人類同士が争っているが、いずれ滅亡しないかという考えが浮かんで来る」

いよいよ人類の将来を深く考察する。

「現在の人間のありさまを見て、人間の将来を推察してみると、人間の生活の勢いが衰えてきて、おいおい滅亡に近づくと思われることが、いろいろ見い出される。人間は脳髄と手の働きによって、自分の生活を不自然にしている。冬寒ければ火で暖める、夏暑ければ氷を造って冷やすという具合に自分に都合良く生活しているが、昔なら寒さに我慢して自然の生活を営んでいた。今は自然の変化に応じて抵抗することをしないので、抵抗力がだんだん衰えてくる」

「足で歩けば足が達者になって身体も健康になるが、電車や自動車に乗って足が動かなくなると、運動力が不足し、健康が衰えることもあるだろう。医学が進んだために人間が弱くなるという傾向もある。個人としてみれば医学の進歩で助かり、病気が治る人もいるが、人類全体から見ると、医学の向上が人類の健康を増進したかどうかはわからない。人類全体の病気に対する抵抗力はいくらか減ずることになる。病気の原因として細菌があるが、抵抗力の低下も病気の一因である」

以上は主に身体面から見た影響だが、精神面への影響についても指摘していく。現代の日本ではむしろこちらの影響の方が大きいと思われる。高度経済成長が終わって生活の向上が望みにくい社会になったり、少子高齢化で家族の概念が変わったり、「人生１００年時代」と言われて老後への不安が高まったりしていることを考えれば、なおさらである。

「人間同士の競争が激しくなると、生活が困難になってくる。生活できるかどうかわからなくなり、個人が苦しむようになると、人間の健康を害する。神経系統に疲労を起こすことになる。およそ人間の体に何が一番障るかというと、明日はどうしようかという生活の心配ぐらい、身体に障るものはないと思う。長い間に身体を弱らせるものは、生活上の心配がもっともはなはだしい。生活の心配が続けば、神経衰弱を起こす。神経が疲労すれば、初めは過敏になり、後には刺激に耐えられなくなって麻痺してしまう。些細なことでも気にかけるようになり、くだらないことでも心配でたまらないようになる。神経に異常をきたす者もたくさんできるだろう」

ここでは貧困と健康の問題を強調している。将来不安や生活の見通しが立たないことが、健康に悪影響を及ぼす最たるものであり、生活に余裕がないから病院にも行けず、さらに健康を悪化させる。まさに悪循環である。貧困は社会にとって最も重要な問題であり、どんな社会も最優先で取り組まないといけない問題である。この章の最後では、以下のように結論づける。丘の根幹の主張である。

「人間が他の生物に打ち勝つときに有力であった武器が、仲間同士で争う武器になり、武器がだんだん発達する。個人にとっては有益だが、種族全体にとっては不利益になる程度まで発達し、ついにそのために種族が滅亡するのである。人間も同じ運命をもって、ついにはなくなると考える。それはいつかと言えば、もとより長い後のことで、近いうちに起こるわけではないけれど、地質学の次の代ぐらいではないかと考える。これは私の考えであって、反対の説を持つ人もいるだろう。過去現在から推測して考えると、事の事実に符合する可能性が高いと考える」

留保条件をつけながら、「人類は滅びる」という主張を展開している。もちろん、滅亡するかどうかは誰にもわからない。しかし、人間がもたらしている地球環境への大きな負荷は否定しようもない。地球温暖化や廃プラスチック問題など個別問題についての対応策は個別に検討されるべきだが、基本的な考え方として、人間の活動が自然環境に破壊的な影響をもたらしており、もっと謙虚に自然と向き合うべきだということは、すべての人間が肝に銘ずべきことだろう。

９章は「人種の改良」だが、ここは優生思想が語られた時代の制約を受けており、いま参考になる点は少ない。簡単に当時の様子を紹介するにとどめる。

「今日ヨーロッパやアメリカで盛んに唱えられているのが人種改良である。英国の学者は、生まれた後の教育の結果より、生まれる時に持っている遺伝の性質が大事だと考えている。長い時間をかけて、生まれながらによい性質を持っている人を増やそうというのが人種改良学である。しかし、仮に実行したとしてもなし得ることは、下り坂の荷車が急に落ちないようにするくらいだろう」

当時は、世界列強が勢力圏を争う帝国主義的な時代で、人種間の競争という概念もあった。丘はそうした観点から、人種改良の必要性は否定しないが、大きな可能性も見い出していない。この章は優生保護法が廃止された現在、議論する必要がないテーマだ。

10章は「教育の問題」である。丘は教育に関する論考を多く残している。教師だったことも当然あるが、生物学の観点からも関心があった。ここでは基本的な問題を論じている。


「教育は三通りに分けることができる。身体の教育すなわち体育、知識の教育すなわち知育、道徳上の教育すなわち徳育である。もちろん便宜上分けるのであって、一つの問題を取り出してどの部類に属するかといっても、どっちつかずの問題はある。三つとも別物ではなく、結びついているが、一応分けて考えてみたい」

「体育は大きな問題はないと思う。身体を良くしようということは誰でも持っている考えである。ただし、どういう方法を用いればいいかは、議論のあるところであり、大いに議論、研究すればいい。知育も同様である。世界のどこを見ても知育の進んでいる国は勢いがあり、隣接していると知育の劣っている国は生存が難しくなる例は実際にたくさんある。知力を進めることに議論はなく、効果を上げるのにどんな方法がいいかは、いろいろあり、研究が進めばなおよい方法が出てくるだろう」

「徳育に関しては、どうも二つの相反する主義があるように見える。二つは調和することはできず、どちらを採用するかは大きな問題である。一つは、教える者が教えられる者に『こうしなければならない』と言い聞かす方法である。言い聞かしたとおりに従わせるやり方で、従来宗教で用いていた。もう一つは、一人一人に自由に考えさせて、行うかどうかは本人の判断に任せるやり方である」

「知識の進んでいない状態では、個人に考えさせず、一定の信仰や条件を設けて信じさせ、疑問を持つことを許さないことが、有力で効能があったようである。しかし、知育が進むと、国の徳目との矛盾が著しくなり、ただ言い聞かせて守らせるだけの徳目は効能がなくなってしまう。犯罪者数の増加と教育の進歩が並行しているという統計がある。犯罪者の増加は教育の進歩に伴っているように見える。これはそれまでの徳育に効能がないことを示している。知力が進めば、物事を批評的に見るようになり、ただ信じよと命令されても信じなくなる。そればかりか馬鹿にするようになる。頭から命じる徳育より、それぞれの判断力を養成して、それぞれの判断力に訴えるような徳育なら、知育と矛盾することなく、知育と徳育が向上することになる」

この問題は現在の教育でも大きなテーマである。方向としては、個人の自主性を重視する方向になっている。戦後、欧米をお手本にキャッチアップする時代には、知識重視の詰め込みが重視された。部活動の現場でも監督や責任教師が上から示す方針が重視された。しかし今や、教育現場ではアクティブラーニングが叫ばれ、課題の発見や解決に向けた自立性が必要とされている。部活動でも選手のやる気や主体性をどう引き出すかに関心が集まっている。丘は主義としてどちらが正しいかを論じていない。人間の進化に伴ってどちらが効果的かを論じている。ここが現実と合理性を重視する丘の真骨頂といえるだろう。

本編はこれで終わるが、付録として「人類退化の傾向」があり、身体、道徳、知識の3点から検討している。大正時代の初期の記述なので、時代の変化を感じることも多いが、興味深い点も多いので、以下に記しておく。1点目は「身体の方面」である。

「今日の人間が退化の現象を現していることについて、誰も反対する人はないと考える。退化を防ぐことは教育の目的とすべきで、教育者のなすべき仕事の最たるものと考える。ヨーロッパの文明国で文明の病気、時代の病気がいくつかある。第1は性病、第2はアルコール中毒、第3は結核で、この三つを文明病と名付けている。昔は知られていなかったが、人類全般に広がっていると思われるのが神経衰弱である」

丘はそれぞれについて検討を加えていく。

「性病の原因は、人間が結婚すべき年齢の時に結婚できないことが一番の原因だと思う。人間は男女でも一定の年齢に達すれば自然に性欲が生まれる。結婚すればいいが、しない場合には何らかの方法によって性欲を満たそうとする。そうすれば勢い異なった人と接することになり、性病の人がいれば、広がることになる。配偶者を求めるような年齢の人がなぜ結婚できないかと言えば、生活が困難だからである。家庭を造るには、収入によほど余裕がなければならない。子どもができれば養育費がたくさんかかる。生活難のために結婚できない男があれば、その相手になる商売が生まれ、性病が広がる可能性が高くなる」

「アルコール中毒だが、酒は滋養分であるという説、反対の説もある。少量なら滋養として働くことは疑いはないが、今日は滋養分というより酔うために飲む。酔うということは普通の状態なら心配することをアルコールによって心配しないようにする。生活難の苦しみを忘れることになり、どこの国でも酒がたくさん飲まれることになる。しかし、酒に直接触れる器官は、長い間に変化を起こしてくる。胃の内部の粘膜は変わり、肝臓もはれて水気を含んでいる。それが後には収縮して小さくなってしまう。著しい変化が起こるのは心臓である。動悸や脈が激しくなり、心臓が余計に働いて大きくなる。組織が脂肪に変質してとどまるので、形は大きくても働きは鈍くなる。血管の壁は弾力性を失う。子どもにも影響する。飲酒は憂いを忘れたいという生活苦から来るので、この原因を除かなければならない」

「結核だが、人間の体を弱くする度合いは、他の病気に比べて大きい。一番知られているのが肺結核で、最近ではツベルクリン反応で軽い患者も診断できるようになっている。原因は文明が進んだため、人間の生活状態が不自然になってきたためである。昔は草や木の自然に囲まれていたが、今は狭い市街に家を建てて風や日光が通らないところができる。だんだん体が弱くなり、結核の菌が身体に入っても、それに打ち勝つ働きが弱くなっている」

「今日は神経衰弱が多く、犯罪を起こして新聞記事の材料にもなっている。これも文明が原因で、不自然な生活が神経を刺激し、生活難で一刻も安心することができない。防ぐことは困難だと思われる。以上のことは、子の代、孫の代へと進み、身体は弱くなっていく。教育で一時的に防ぐことはできても、根本の原因がある限り、すべてなくすことはできない」

丘は生活苦が身体への影響を及ぼす根本の原因と考えている。２点目は「道徳の方面」である。

「およそ道徳は生物学的に人間以外の動物を含めて考えると、自分の属する団体利害に重点を置いて、自分の欲を抑えることが、人間の言う道徳に相当する。道徳は団体生活をする動物が、団体同士の競争をする時に必要で、単独で生活する動物には道徳の痕跡はない。ハチやアリのように完結した社会を造る動物は、団体間の競争が長く続き、今日では道徳を必要としない程度まで進んだといえる」

「今の人間社会をみると、競争の最も大きな単位は国で、人口が多い国は人口が億以上いる。時に国同士の戦争はあるが、昆虫のように団体間の競争を続けるわけではないので、国がやや大きくなってからは道徳心が進歩する理由はなくなってくる。道徳が退化していることは日々起きていることをみれば明らかだ。遊んでも贅沢に暮らしていける少数者と、いくら働いても生活が困難な多数の貧者がいる。少数の富者は金の力をよく知り、金の力で道徳を破って平気でいる。生活難の多数者は団体全体の利害などは考えない。根本は利益の分配の不公平で、私有財産があることである。人間は道具を用いて他の動物に打ち勝ったが、全盛を終えて下り坂に向かうとき、道徳が退化するのは当然である」

道徳だけの問題ではなく、身体への影響も関係していると説く。

「性病や神経衰弱の広がりも究極の原因は、人類が道具を使う手の働きと脳の働きにある。これらで他の動物に打ち勝ったわけだが、この流れを逆転することはできない。私自身が人間である以上、人類の未来に関してますます良くなると言う方が、感情として愉快であることは言うまでもない。人間には奇妙な性質があって、説の真偽をただすより、自分が望むことを信じる傾向がある。これまで発表された多数の説は、たいてい人類の未来を永久に進歩するとみなしている。しかし、過去の生物のことを虚心に冷静に考えてみると、ここまで述べたことが至当だと思う」

最後に３点目の「知識の方面」を検討する。

「まず知力と知識の違いを区別しなければならない。知力は知識を得るための力である。知識は知力を働かせた結果である。大工仕事に例えれば、知力は『かんな』であり、知識はかんなで削った『くず』のようなものである。人類を考えてみると、知識は経験を積めば積もってくるものであり、昔に比べれば増えている。しかし、知力は昔より進んだとは思われない。学問なら理学、農学、工学、医学など経験による知識が増えた学問の書物は進歩している。しかし、主に脳髄で考える哲学の書物は、２０００年前と大した相違はない。知力が変わらず、知識が増えていくと、物質文明が進むことになる。便利になり進歩したように思うが、生活は不自然になり、身体が弱り、道徳が衰える。知識は一種の武器だから、使い方によって良い結果にも悪い結果にもなる。知識が増えてくると、法律に触れないで悪いことをしようと考える。するとますます知識を悪い方向に使い、道徳は衰える」

将来に対する見方は悲観的だが、放置しろという訳ではない。

「次の時代の子孫を育てるために知識を増やすことを心がければならない。体育、徳育、知育の三つには十分注意し、退化しないように力を尽くさなければならない。根本的に食い止めることはできないかもしれないが、退化を緩やかにするようにしなければならない。どの程度防ぐことができるか、やってみなければならないことだ」

「人類は滅びる」という丘の主張は、極めて悲観的に思える。しかし、本当のメッセージは、生物としての考えられる将来シナリオを示した上で、そうならないように手を尽くせと言うことだろう。

具体的な処方箋を示すことはできないが、貧困や生活苦など原因は具体的に指摘している。将来を冷徹に見据えた上で、過度に楽観的にならず、現実的な解決策を探るように求めている。我々に課せられた課題だと考えたい。

第3章　進化II（生物）

第３章は、「進化Ⅱ」として、「進化論講話」を読み解きたい。「進化論講話」は、ダーウィンの進化論を広く紹介するため、１９０４年（明治37年）に書かれた。生物学の素養がなくても誰にでも理解できる内容になっている。１９１４年（大正３年）に増補版が出され、戦後の１９６９年（昭和44年）に再刊された。丘浅次郎の基本的な文献であり、再刊に際して親族の丘英通氏は、序文として次の一文を寄せている。この本の意義がよくわかる文章である。

「自然科学の学説の中で人類思想に最も大きな影響を与えたものは地動説と進化論であるといわれている。進化論を日本に普及する上にもっとも貢献したのがこの『進化論講話』である。ダーウィンの『種の起源』が出版されたのが１８５９年であり、それぞれの国で啓蒙書が書かれ、進化論の普及に努めた」「丘の文章は国語教科書にも再録されるほど独自の風格をもったものである。その特徴は遺憾なく発揮されている。この書物は文芸作品にも比せられる」「この本は実にいろいろな方面の人々に読まれた。商店主や社会運動家なども読者で、各自の人生観をたてる上に絶大な影響を与えたといっている。進化論という限られた題材を扱っているが、いたるところで、ものごとの合理的科学的な見方を説いているからである」

本は20章からなっている。前半は進化論の歴史などの説明、生物学的な考察が中心で、最後の２章で自然における人間の位置、進化論が思想界におよぼす影響をまとめている。本書の趣旨から、生物学関係の詳細で具体的な解説は必要最小限にとどめ、人類との関係を中心に丘の主張を紹介したい。

1章は「進化論とは何か」で、進化論の意味を書いている。

「進化論とは、動物、植物ともにどの種類でも長い年月の間には次第に変化するということである。どんな点がどういう方向に変化するかは、その時々の事情で決まることで最初から確定していない。たとえ同一の先祖から生じた子孫でも、長い間異なった方面に向かって変化すれば、次第次第に遠ざかり、全く異なった数種に分かれてしまう」

「進化を論ずるにあたって、進化の事実と、その原因・理由を説明する理論は十分区別しなければならない。進化の事実と、これを説明する理論を混同し、進化の事実まである一派の思いついた空論と考えている人も多い。我が国では昔から自然界の実物を観察し、研究することが行われなかった。研究といえば、書物を読んで机に向かって考え出した空論ばかりだった」

「生物が進化してきた事実はもはや疑うことができない。しかし、ノミはどんな先祖から進化してきたか、蚊はどう進化してきたかとなると、まだわからないことが多い。今日のところ、最も多数の事実を明瞭に説明し、差し支えの生ずることが最も少ないと考えられるのは、やはりダーウィンの述べた自然淘汰説である」

生物の進化は今では当たり前だが、当時の日本は自然の現実を観察し、考察する姿勢が乏しかったことを指摘している。事実と論を分けろと言うのも、丘の合理的な思考である。ダーウィンの進化論にしても細かな点では議論の余地があり、わからないことがあることを認めながら、もっとも現実的な議論として評価している。2章は「進化論の歴史」で、ダーウィンまでの自然界に対する見方を紹介している。人間の思考の進化を見る上で興味深い。

「進化論の歴史は動物学の歴史で、最も古いところでは紀元前300年代のアリストテレス時代から説き起こさなければならない」とするが、1707年生まれで、近代博物学の祖とされるスウェーデンのリンネーから説き起こす。

「リンネーは動物界、植物界のすべての種類を分類し、ラテン語の名称をつけ、識別するのに必要な点をまとめた。それまで国ごとに名前が違ったが、彼の書物によってすべての動植物の名前がわかるようになった。リンネーは大学者となったが、動植物の種類は最初に神が作ったままで、増えもせず、減りもせず、変化していないと書いている。生物は長い間に多少変化すると言った人がいても誰も相手にしないほどだった」

次に１７４４年に生まれたフランスのラマルクを紹介する。１８０９年に「動物哲学」を書いた。

「ラマルクは、下等動物の比較解剖、貝類の化石を深く研究した結果、生物不変の説は誤りだと主張した。例えば、カマキリとバッタを解剖して構造を調べると、実によく似ている。同一の鋳型で作り、一部を延ばしたり、縮めたりしたようである。常に用いるところが特別に発達し、そのためにいろいろな種類が発生したと思えることが多い。神が各種の動物を別々に作ったとは考えにくい。人間でも鍛冶屋は腕を動かすから腕の筋肉や骨格が発達し、車夫は足を動かすから脚の筋肉や骨格が大きくなる。他の動物も同じで、常に用いる器官は著しく大きくなると主張した。ラマルクの主張の要点は、第１に動物は長い年月の間に形状が次第に変化して今のようになった。第２に形状の変化は主として各器官の用・不用に基づくということである。今から見れば不完全だが、当時としてはおもしろい説である」

次に１７３２年生まれのキュビエーを紹介する。動物比較解剖の研究と化石の調査で功績があった。

「キュビエーは、全動物界を４つに分類した。①身体の中軸に背骨のある脊椎動物②チョウやハチのように身体に関節のある関節動物③タコやイカのような軟体動物④ヒトデやクラゲのような放散動物――である。そして、過去の化石を調べた結果、動物は開闢の時に神が作ったが、開闢は１回ではなく、天地が覆る変動で動植物は一時に死に絶え、その後で一揃いの動植物が作られた、と主張した」

キュビエーの説を覆したのが、イギリスの地質学者ライエルで、１８３０年に「地質学の原理」という本を出版した。

「地球はこれまで大きな変動があり、山が海になり、海が山になったところもある。山の上に魚類の化石があるのは、そこが海底だった証拠だが、それは急に起こったわけではなく、長い年月の間で変わっていったのである。地殻の変化は地球が冷えていくのに従って、何億年もの間に変化しているからだと主張した。これはキュビエーの天変地異の説を覆した。地球上の動植物をことごとく殺してしまう天変地異が一度もなかったとすれば、化石と今生きている動植物とはその間にいかなる関係を持っているのだろうか」

そこで登場するのがダーウィンである。これまでの進化に関する議論をみると、結論を知っている我々から見ると、滑稽な気もする。しかし一方で、人間の知識や認識の遅さも感じざるを得ない。言い換えれば、現代の我々が全く気がついていないことが、１００年後から振り返れば、滑稽である可能性もある。人類の知恵の不十分さを自覚していれば、自然や環境に対して、より謙虚になれるともいえるだろう。丘はダーウィンの進化論の価値は、自然淘汰説の発見だと指摘する。

「ダーウィンは１８５９年に『種の起源』を出版したが、進化の事実を集めて、それらを説明するために自然淘汰説を考え出した。これまでの生物の進化説とは雲泥の差があり、それまで説明のできなかった多くの事実を説明できた」

丘は続いてダーウィンの生涯と「種の起源」出版の裏話を紹介する。その紹介の様子は実に丘らしい。進化論のこぼれ話でもあり、詳しく紹介する。

「ダーウィンが生まれたのは１８０９年だが、22歳の時に『ビーグル号』という世界探検船に乗り込み、６年にわたって各地を旅した。その後、健康が優れず、33歳の時、ロンドンから汽車で１時間ほどのダウンという村に住み、一生涯静かに研究を続けた。35歳ころに自然淘汰に気がついたが、こうした新説を軽々に世に出すべきではないと考えて15年ほど研究を続け、50歳で『種の起源』を出版した」

丘はダーウィンの慎重な姿勢について、「近頃の学者が、昨日思いついたことをすぐに出版するのと比べると雲泥の差がある」と皮肉を込めて書いている。出版には偶然の出来事があったという。

「出版の前の年に自然淘汰説を発見した人が出てきた。ウォーレスという探検家で、南アメリカや東インド諸島で研究し、ダーウィンと同じ説を思いつき、ダーウィンに論文を届けた。ダーウィンは驚いて、フッカー・ライエルという大家に相談したところ、２人の論文を雑誌に発表するようにすすめ、掲載された。しかし、自然淘汰説は雑誌の論文では言い尽くせず、ダーウィンが『種の起源』を書くことになった。ダーウィンの説は長く考えていたので周到で、ウォーレスもその功績を譲って争わず、後に書いた書物の題名も『ダーウィニズム』と名付けた」

丘はウォーレスについて「実に度量の広い心がけで、わずかな功を争い、お互いに罵詈し誹謗する人々の根性とは、日を同じくして論じられない」と世間でありがちな功名争いを皮肉る。最後にダーウィンの主張を冷静に評価する。

「生物進化の考えは18世紀末からだんだん発達し、最初は仮説に過ぎなかったが、ダーウィンの研究でほぼ確かなものになった。これは生物学全体が進歩した結果で、生物進化論をダーウィン説とするのは適当ではない。進化を説明するための自然淘汰説はダーウィンが初めて考え出したので、真のダーウィン説である。進化の事実と、これを説明する自然淘汰説とは全く別物である。将来、自然淘汰説が間違いだと仮定しても、生物進化の事実は動かすことはできない」

３章から18章では生物進化について詳述している。
生物学研究者にとっては重要な内容だと思われるが、ここでは知っておきたい点について、ポイントを列挙していく。

◎ヨーロッパで進んだ人間の飼う動植物の変化

「日本では犬と言えば、むく犬のような１種だけだった。しかし、ヨーロッパでは大きなセントバーナードやグレーハウンドから、全身が短いブルドッグ、胴の長いダックス、ごく小さな犬など多くの種類がある。ハトも日本では１種だったが、ヨーロッパではダーウィンが１５０種類も発見した。馬、牛、豚、羊も同様である。金魚は日本でも種類が多い。鳥でもカナリアは多くの種類がある。植物でも例えば同じ大根でもいろいろな形がある。これらは野生している時は１種だったが、人間が長い間に飼育している中で変化したのである。１代の変化はわからなくても『ちりも積もれば山』になるように代を重ねて変化してきたのである。生物は変わっていないという人は、飼育の動植物は別と言うが、動植物の形質は不変ではない」

◎人為淘汰について

「人間が飼養した動植物の変化を考えてみたい。耳の長いウサギを使ってひともうけしようという人は、たくさんあるウサギから耳の長いウサギをかけあわせていく。これは３つの条件が備わっているからだ。第1は親の性質は子に伝わること。第2は親から生まれた子の間には多少の相違があること。第3は生まれる子の数は比較的多く、その中から選び出す余裕があること。その結果、人為淘汰ができる」

「遺伝性について考えてみたい。親の性質が子に遺伝することは当然のことと受け止められている。親に特別に変わった点があるときに遺伝の現象が著しく人の目に触れる。かつてスペインに左右の手足とも6本指の男が産まれ、それから3代の間に40人ほど6本指の人ができた。6本指の男が6本指の女と結婚して代々続けば6本指の人種ができるかもしれないが、5本指の人と結婚すればこの性質は薄くなる。一方で、変異も生まれる。これも実際に見聞するが、同じ父母から生まれた兄弟姉妹でも全く同じではない。つまるところ生物が変化する事実は誰もが認めるが、その法則・理由はわからない。人為淘汰も自然淘汰も生物に変異という性質があれば必ず起きることだ」「多数生まれる子が変異によって皆異なっているため、飼養者は理想に近い性質を帯びたものを選び出すことができる。羊の毛のわずかな優劣を見分けるのは熟練が必要で、牧羊の盛んな土地には羊毛の鑑定を職業にする人が生まれる。一代ごとに動植物を淘汰して、最も優等なものだけを繁殖用とするのは、貧富の事情も関係してくる。英国のように多くの家畜を養っているところなら十分な淘汰ができ、短い間に立派な種類が生まれる。1～2匹を飼っているだけならそうしたまねはできない。人為淘汰が最も盛んな英国で、英国人のダーウィンが人為淘汰から野生動植物に考えを及ぼし、自然淘汰を考えたのは決して偶然とは言えない」

「人為淘汰を行うにあたって飼養者が考えることは、価格が高いものを作って金もうけをしようとするか、珍奇なものを作って他人に誇ろうとするかである。肉にするための豚は、腹が地面につかんばかりに身体が肥満し、足も短い。毛を取るための綿羊は、綿の塊に四肢をつけたように見える。乳を搾る牛は乳房だけがむやみに発達している。これらは人間の需要に応じて作り上げたものなので、人間にとっては有益でも動物自身にとっては何の役にも立たず、むしろ邪魔になる」

◎野生の動植物の変異

「標本を集めて比較してみると多くの変異がわかる。昆虫類では小さなチョウの羽の色の変化が著しい。鳥類も身長、翼やくちばし、足の長さなどで観察できる。下等動物には変異のはなはだしいものが多い。外見だけでなく、内部の細かい構造にも変異がある。背骨や肋骨などの数が違うことがある。習性も変異が多い。一匹変わったことをするものが現れると、他のものがこれに習って新しい習性ができる。異なった場所に移すと動物の習性に変異を生ずることが多い。また、植物の変異はもっと大きい。あいまいで判別しにくい変異も多く、植物の種類の数が学者によって違うことも多い」

◎動植物の増加について

「動植物は、人為淘汰より厳しい淘汰が日夜絶えず行われている。生存の競争に打ち勝ったものは後に子孫を残すが、負けたものは死に失せる。多数のものから最も生活に適したものが繁殖する。これがダーウィンが初めて気づき、生物進化の主なる原因として世に公にした自然淘汰である。動植物は幾何級数的に増加する。動物でもっとも繁殖の遅いのはゾウで、90歳までに平均6匹の子を産む。子がことごとく成長すれば、７４０年から７５０年で１対のゾウの子孫は１９００万匹になる。牛馬といった大型の獣類は繁殖が遅いが、コロンブスのアメリカ大陸発見で牛、馬、ロバ、豚がアメリカでどんどん増えていった。オーストラリアやニュージーランドでは動物の種類は少なかったが、こちらも増えていった。しかし、生物の間には非常に複雑な関係があり、ある種が増加しようとすれば、これを食べるものも増えていく。こうして動植物の数の割合は、自然に決まっていく。これを『自然界の平均』と名付ける。お互いの増加力によってお互いを抑圧し合う。そのありさまは、世界中の国が戦争準備に莫大な費用をかけ、しばしの平和を保つこと変わらない」

◎生存競争について

「植物なしに草食動物は生きることはできず、草食動物なしに肉食動物は生きられない。草と草食動物と肉食動物がともに共存していくことはできない。英国のマルサスという経済学者は『人口論』を書き、以下のように論じた。人口は幾何級数的に増加するが、食物やその他の需要品は同じようには増えない。このため必ず食物が不足する。この時に栄養不良のため身体が弱くなり、病気が増え、生活が困難になって犯罪が増える。これを防ぐには結婚を制限し、独身を奨励し、産まれる子どもを減らすしかないという。ダーウィンもこの本を読んで動植物の自然淘汰に気がついたといっている。自然淘汰説はマルサスの『人口論』を広く動植物界にあてはめたようなものである。競争は自然界のいたるところで行われているが、互いに競争するのはいつも同じところに住み、同じ需要品を持つものばかりで、お互いの需要品が重なりあうことが多いものほど、競争は激烈になる。人間社会に例えれば、商売敵で近接して生活する以上、競争は免れない」

「ある種の生物がどこでも勝つわけではない。山では勝っても、川では負けるとか、砂地では勝っても粘土のところでは負けるとか、日なたではかつが日陰では負けるとかがある。生物は競争上、自分の勝つ場所、もしくは負けない場所に住み、お互いに領分を守るようになる。これが動植物分布の定まる原因である。需要品が異なる生物ならすき間が生まれて、異なった多くの生物を収容できることになる。地球の表面にはその場所で負けない生物だけが群れをなし、山には山、谷には谷、日陰には日陰の動植物群が自然に定まる。競争には異種間と同種間がある。異種間の競争は栄枯盛衰を考察することはできるが、すでに各種は併存していることから、これを研究しても種の起源を理解することはできない。同種内の競争は進化の原因であり、その競争の有り様や結果を調べることは、ダーウィンの自然淘汰説の主眼である」

「同種内の競争は、生物一代ごとにわずかずつ変化し、代を重ねるに従って変化は著しくなり、ついには先祖と比べるとほとんど別種かと思われるほどになる。その過程で、生物は生存競争の際に有利な点が少しずつ発達していく。同種内の競争は個体間ばかりでなく団体間の競争も行われる。どんな団体が勝つかといえば、言うまでもなく個体数の数が多くて、一致協力し、進んで共同の事業を分担している団体が強い。団体内に一定の秩序が生まれ、分業が行われ、各個体はやや独立を失い、団体は一段高い個体のようになる。社会と名付けるのはこのような団体である。自然界の生物相互の関係は複雑で、到底理解はできない。自然界では同時に無数の事件が進行し、多数の原因が複雑に関係しながら複雑な結果を生んでいる。通常、人には生物相互の複雑な関係に気づかない」

◎自然淘汰について

「自然界では各種の競争があるが、異種間の競争で各種の盛衰存亡が決まり、同種内の競争によってその種が進化する。優った者が勝ち、劣った者が敗れるわけだが、優勝劣敗と言うより適者生存といった方がいい。どんな性質を帯びたものが適者かどうかは、あらかじめ知ることは出来ない。競争の結果を見て、生存した者をその時の適者と認めるほかないが、生活のありようがわかっている場合には、どんな個体が生き延びるか前もって推し量ることができる。人間社会をみると、低開発国は個人が生活に必要な衣食住の用品を作るが、開発国では分業で作る。戦争になれば開発国が有利となる」

「動物界でも分業の程度をもって高等と下等と区別することが出来る。地球には山あり、野ありで全く同じところはない。ところどころで生存競争に勝ったものが生活する。事情が全く同じなら、分業が進んだ方が勝つ道理はあるが、下等動物の存在する余地は十分にあり、なくなることはない。高等か下等かは構造で見た場合で、生活する境遇に適するかどうかは甲乙なく、区別することは出来ない。退化も適者が生存して出来たもので、進化の特別な場合にすぎない。海岸に行って岩石の表面をみると、フジツボという貝のようなものが付着している。一生動くことはなく、エサを探すこともない。運動するための足も筋肉もなければ、エサを探す目もない。しかし、生存するという意味ではカニなどに劣るものではない」

「ダーウィンは『種の起源』を著して12年後、『人類の祖先』という本を出版した。その中で雌雄淘汰を詳しく論じた。鳥類や昆虫類を調べると、雌はもっとも美麗な雄に従うものあり、最も声の良い歌の巧みな雄に従うものあり、最も巧みに踊る雄に従うものもある。腕力より容貌や遊芸に勝った雄が、最も子孫を残す見込みのあることが多い。雌が選択者であり、雄はただ雌に選ばれようと争う。雌の意にかなったものだけが生殖の見込みを有し、その性質を子に伝え、発達する。栄養がなければ死に絶えるように、生殖できなければ、その代限りで死に絶える。生物のなすことをみると、目的は食べるためと生殖するためというほかない。ドイツの詩人シラーの詩にも『哲学者が何といおうと、飢えと恋との力で浮世の狂言が行われていく』とある」

◎解剖学上、発生学上、分類学上、分布学上の事実

「かつてある解剖学者が調べたところでは、人間に不用な器官は１００近くあった。耳を動かす筋肉、尾てい骨、盲腸などがある。これらはどんな動物でもあてはまる。哺乳類の呼吸器は、水

中に生活してきた血管系を基本に、空気呼吸に適するように作り直してきて出来たといえる」

「いかなる動物もすべては卵から発生している。卵から成長し終わって子を生むに至る経過を調べるのが発生学である。生物は共同の先祖からだんだん進化して分かれて今の姿になった。しかし、長い年月の途中には、例えばクジラに歯があったような時代もあった。進化の歴史の中では若干の著しい性質が現れることがあった。各個体は長い年月で変化する一方、卵から個体が生ずる短期間で変化することもある。この原則を認めれば不思議に思われることも説明がつく」

「動植物の中には似たものもあれば、全く異なったものもある。分類するにはいくつかの段階を設け、研究が進むに従って段階も増える。これは進化論を考えれば当然である。生物の種族は不変ではなく、進化に従って変化する」

「動植物の地理的分布を調べると、生物進化の事実を発見することが多い。南アメリカとアフリカは似た地形だが、動物界は全く違う。オーストラリアも同じような気候だが、すべてカンガルーと同様に子を袋に入れて育てるものばかりである。西洋人が移住してから世界共通の動物が増えた。津軽海峡と宗谷海峡を比べてみてもわかる。本州にはサル、イノシシ、カモシカ、シカなどがいるが、北海道に行くと日本固有の種はいない。鳥類でもキジやヤマドリなどは北海道にいない。北海道の鳥類はシベリアと共通である。これらも進化論で理解できる」

◎ダーウィン以後の進化論

「ダーウィン以後は進化論の正しさを証明できる結果になっている。動植物の各種は永久不変ではなく、どれもだんだん変化することははっきりしてきた。しかしダーウィンは、生物の変異性、遺伝性については、詳細な点まで説き及ばなかった。変異性については、先天的な性質の遺伝か、後天的な性質が遺伝するかという問題が議論された。ダーウィンは、生物の進化は自然淘汰と後天的な性質の遺伝で生ずると考えた。自然な結論だといえるが、多くの論者は同じ事実を前にして、違う説明をしているような状況である」

19章は「自然における人類の位置」で、人類と他の動物の共通点、相違点について考察を進めている。

「人類を論じた本はたくさんあり、２種類に分けることが出来る。一つは独断的なもの、一つは批評的、科学的なものである。従来の書物は独断的なものばかりで、証明のしようもなければ否定のしようもない。理屈で論ずることができない信仰や趣味の範囲に属する。一方、科学的な研究法はこれとは異なり、孔子やキリストが何と言おうとも、広く事実を集め、これをもとに論ずるのである。そう考えれば、人はすべての動物の中で牛、馬、犬、猫のように獣類に最も似ている。著しく似ているのがサルで、比較的近いころにサルの先祖から分かれたものである」

身体の特徴が獣類と似ていることは共通点と言えるが、相違点は何だろう。

「これまで獣類と人間の異なる点を言い表そうと努めた学者は、精神的な方面にこれを求めた。デカルトは人間には精神があるが、他の動物は精神のない自動器械に過ぎないと言った。カントも精神を有するのは人間だけだと説いた」

そして精神的作用として「知・情・意」を取り上げ、まず「情・意」から分析していく。

「およそ愛情の中で夫婦・親子の間ほど切なるものはない。動物の中には犬や猫のように夫婦の定まりがなく、従って雌雄の間の情が極めて冷淡なものもある。一方、鳥には雌が卵を温め、雄がエサを運ぶものがあり、おしどりは有名である。人間にも愛情の強弱はあり、獣類と区別する理由はない。愛情に伴うものは嫉妬だが、人類にも獣類にも著しい。このほか、喜怒哀楽の情、死を恐れる情のようなものも人間と獣類で大差はない。動物に意の働きのあることも明らかで、犬や猫もいったんしようと思ったことは、いかなる障害があっても成し遂げなければ承知しないような性質が見える。記憶力が存在し、いったん忘れたことを思い出す順序も変わらない。推理の力は大きな違いがあるが、これも程度の問題で、獣類にも多少の推理力があることは確かだから、人間は同じ力が非常に進んでいるに過ぎない」

「情・意」があまり違わないとなると、「知」はどうだろうか。ここが大きなポイントとなる。

「知力で人間は他の獣類より著しく優れている。身体の構造では大脳がすこぶる発達していることと、精神的作用では知力が非常に進んでいることだけが相違点で、文明人かどうかもこの点の違いによっている。今日、人間が他の獣類に打ち勝って天下を占領しているのも知力ばかりによるものである。特に発達した言語を有するのは人間だけである。知力と言語の進歩が相伴って発達していることが、他の獣類と異なる唯一の点である。しかしこれとても程度の差といえる問題で、決して根本的な相違ではない。以上から、人は獣類の一種であり、猿類に属するという人類の位置を確認できる」

最後の20章は「進化論の思想界に及ぼす影響」を論じている。進化論の登場によって自然界における人間の位置は大きく変わった。これによって哲学、倫理学、教育学など人間を考える視点も根本的に変えざるを得ないという。進化論と哲学、倫理、教育、社会、宗教の五つの関係について考察を進める。まず哲学。

「旧来の哲学の誤謬は、人間の思考力を絶対に完全のように見なしていることである。人間の思考は脳髄に依存するが、脳髄が進化によって発達し、今後も発達することを考えれば、今の脳髄をもって自分の考え出したことが万世不変とはとてもいえない。哲学とは簡単にいえば物を見て考えることで、詰まるところ物の原因について疑いを抱くことがすべての哲学の起こりだろう。この疑いを解くのには二つの方法がある。一つはできるだけ多くの実験観察をし、できるだけ多くの事実を集め、これを元に考える方法である。もう一つはただ思考力によって解き尽くそうという従来の方法である。実験哲学と紙上哲学と言ってもいい。実験・観察と思考力をあわせて研究することは足を動かして歩行するようなもので、進歩は早くはないが、身体は進む。思考力によって考えることは、進歩が早いように感じるが、身体は昔のところにとどまっている。我々の知識は闇夜に持って歩くちょうちんのようなもので、足元を照らすに過ぎない。実験・観察と思考力をあわせて用いるのは、ちょうちんの光力をだんだん増やす方法である」

単なる思考ではなく、実験・観察を伴った哲学の重要性を説いている。では倫理はどうか。

「倫理学も従来は人間を一定不変とみなして論じてきたが、進化論で人類の位置が明らかになった以上、根本から見直さなければならない。人間は進化の結果なので、善悪という考えも最初から存在したわけではなく、他の思想と同様、だんだんの進化の結果によって生じたと見なさなければならない。善悪という考えは団体生活とともに起こったと考えられる。個体の行為が全団体を滅亡させることが最高の悪で、一身を犠牲に全団体の危機を救うことが善の理想的模範となる。良心も団体生活とともに起こったと言えるだろう。人類の道徳心や善悪はどんな状況から生まれてきたかを明らかにする必要がある。人間が進化の途中にあるとすれば、不易の善悪の基準のようなものは到底決められない。人間の団体には種々の階級があり、小団体が集まって大団体となり、小団体の一員と大団体の一員では善悪の基準が違う。善悪の基準は時と場合によって変わるだろうから、倫理学はこの点を研究すべきあろう」

教育はどうだろうか。

「教育はどの動物でもしているが、何のためにしているのだろうか。教育は競争に負けず生き残らせるためであり、生殖作用の追加とも言える。目的は生殖作用と同じく、種族の繁栄維持にある。教育書には教育の目的は完全なる人間を作るといった高尚な議論が掲げてあるが、実際は種族繁栄である。人間の作っている団体はいくつもあるから、教育の目的も団体次第で多少異ならざるをえない。進化論によって人間の位置が明らかになった今、教育学も旧式哲学や形而上学と縁を断ち、実験的手法によって作り改めなければならない。教育をするにあたっては人種という観念を基礎とし、人種の繁栄維持を目的としなければならない」

社会との関係は社会改良の観点から論じている。

「異種間の競争は各種族の盛衰であり、同種族内の競争はその種族の進歩・改良である。人間も同じである。進化論から見れば、社会改良も自己の存する人種の維持・繁栄を目的にすべきである。世の中には戦争を全廃したいとか、文明が進めば世界が一つの国になるという考えを持つ人もいるが、生物学上とうてい出来ないことだ。利害の相反する団体がある以上、その間にある種類の戦争が起きるのは決して避けることはできない。現在生存する人間は敵である人種に滅ぼされないためには、味方同士の競争によって常に進歩する覚悟が必要で、味方同士の競争を厭うようでは敵である人種に負けてしまう。競争は避けることが出来ない。世間には生活の苦しみは競争の激しさが原因で、子を産む数を制限することが、社会改良のために必要と考えている人もいるが、得策とは思われない。必要なことは自然淘汰の妨害となる制度を改めて生存競争をなるべく公平にすることだろう」

宗教はどうか。

「霊魂や神の始まりは、自分の力では倒せない大木が嵐で倒れるのを見れば、世の中には目に見えない力があるという考えを起こした。これを恐れ、その者の機嫌を取るためおもしろい踊りを見せ、願い事をかなえるため甘い食物を捧げたりするようになる。戦いで父を失い、その夢を見れば、霊魂という観念が起きる。霊魂が残っていると信じれば、食事の時に食べ物を供えるようになる。以上は宗教の始まりだが、人間の知力が進むと宗教も複雑、高尚になり、宗教のみを職業とする僧侶のような存在が生まれる。俗人が世事に追われている間に僧侶は知力を練り、宗教は有力な一大勢力となる。進化論のように比較宗教学によって宗教の進化した経路を研究すれば、宗教の価値もわかるようになる。宗教はすべて迷信だが、自己の属する人種がますます栄えるようにするには、この方針に矛盾する迷信を除いて、しばらく保護する必要がある。ドイツの詩人ゲーテが『学問・芸術を修めたものはすでに宗教を持っている。修めぬ者は別に宗教を持つが良い』と言ったとおり、学問を修めない多数の人間には安心立命のため宗教が入り用であろう。人種維持に必要なことは競争・進歩なので、生存競争を厭うような宗教は不適当だろう。生存は即戦争と思って、勇ましく戦うように励ます性質の宗教が必要だろう」

進化論によって哲学、倫理、教育、社会、宗教をどう考えるか見てきた。うなずける考察も多いが、違和感を抱く点もある。全体を貫く特徴は、人間社会は競争、淘汰であり、国や人種も同様な力学が働いているように見ることである。一面の真実だが、人種間競争を勝ち抜こうという意欲が強く、時に優生思想も感じられ、ある種の危うさも感じる。丘浅次郎の時代的な制約だと考えたい。

第2次世界大戦は、広島と長崎に投下された原子爆弾で終わった。人間の生み出した核兵器は、人類を滅ぼす可能性のある脅威となり、戦後は世界の共存、世界平和を希求する思いも高まった。丘は終戦の前年に亡くなっており、原爆投下は知らなかった。

21世紀を生きる我々は、丘が主張する人類の本質を踏まえながら、各国が協調しない限り、地球環境の問題も世界平和の問題も解決しない現状にある、と認識する必要があるだろう。丘は最後をこう結んでいる。

「以上は執筆の際に胸に浮かんだことを書き並べたに過ぎない。考えの違う人も大勢あろうが、旧来の思想が進化論の影響を受けて根底から変動するのは免れない。進化論のように思想界に大革命を起こすような知識が文芸に従事する人の間に広まると、作品に変化が現れ、新しい思想が速やかに世間一般に広がるようになる。若い人が本を読んで旧時代の信仰や伝説を批判すると、昔のままの思想を持つ老人から見れば、人類の道徳が破壊されているように感じ、これを止めようとする衝突がどこでも起きる。進化論が文明世界の思想に及ぼした影響は予想外に広い」

第4章　教育Ⅰ（明治時代）

丘は生物の進化を専門とし、そこから人類に関する評論を進めた。教育に関する論文は、進化に次いで多い。本人が教育に携わってきたこともあり、力も入っている。年代順にみていくが、この章では明治時代の論文をみていく。

◎「教育と博物学」（1901年＝明治34年）

自然科学の学び方について論じている。博物学という言葉は現在あまり使われないが、自然に存在するものを研究する学問で、動物、植物、鉱物などの収集、分類を中心としている。論旨を順に紹介していく。

「まず観察力を養成しなくてはならない。実物から学ぶ姿勢が重要で、本を読んだだけで軽々しく信じてしまうことのないようにしなければならない。続いて、分類整理が必要になる。分類はどんな学問にも重要で、分類はすべての思想に大きな影響を与える。しかし、自然界には分類がないことも知らなければならない。なぜ分類が必要かといえば、われわれの脳が分類のないものをそのまま理解できないからである。分類の真意を理解する必要がある。次に推理力を磨きたい。観察や実験で集めた材料を推理力で組み立て、原因と結果の道筋を明らかにすることで、初めて博物学ということができる。事実を集めて帰納法で得た結論を、それぞれの場合に応じて演繹的に論じなければならない。空論を排し、迷信を打破しなければならない」

続いて、以上のようなことが必要な理由について、実用上の利益と思想上の利益に分けて論じている。

「生活に必要な衣食住の材料は、自然界から取るわけだから、博物学は実用上有効である。農業も工業も天然物を応用している。思想上の利益については、進化論がほとんどすべての学科に大きな変化を及ぼしている。生物体は新陳代謝を繰り返している。生物の個体は生まれて死ぬが、一部は親から受け継ぎ、一部は子孫となる。現在生きている個体は長い歴史を持っている。人間社会は生物界現象の一部だから、すべてこうした歴史の要素を含んでいる。経験の少ない若者は、目の前の事実から立論して極端な説を持ち出すくせがあり、失敗することも少なくない。在学中から歴史的要素を含んだ推理法の学習が必要である」

「進化を考えるに当たっては、進化の事実と、進化に関する議論を区別しなければならない。進化論が世に出てから多くの学問の内容が変わり、組み立て直した。新しくできた学科の書物を読み進むには、進化論の素養が必要である。自然界における人間の位置がわかってきて、人間は他の生物とは異なる霊妙不思議なものではなく、他の生物と同様に進化の規則に従って今の姿になった。人間の価値を高く見過ぎることもなくなった。以上のように博物学の効用は極めて大きく、その効果が現れるかどうかは、教員と教授法によっている」

博物学の有用性と教員の責任の大きさを説いている。

◎「**生物学より見たる教育**」（**１９０２年＝明治35年**）

この論文では生物学に関する教育を論じている。

「教育の書物を開くと、『教育とは一定の目的と方法とを備え、教育者が被教育者に加えること』という難しい定義をしている。教育は動物界にも珍しくない。元来、教育という意味のＥｄｕｃａｔｉｏｎは、引き出すという意味で、被教育者の持っている種々の能力を引き出して発達させ、知能を啓発することをいうのだろう。この意味で教育を行う動物はたくさんある」

続いて動物を３分類して論じていく。

「動物は、①子を生んだまま少しも世話をしない動物②子を生んだ後、これを保護し養う動物③子を生んだ後、これを保護し養い、かつ教育する動物、に分けられる。①に分類されるのは、カエル、魚類、昆虫などがある。これらの動物は幼いときに敵に食べられたり、同胞に食われたり、飢えたりして、死ぬ数が非常に多い。これらの動物は、たくさんの子を生まなければ、種族の断絶は免れない。②は①と同様に下等動物の中に混じって、いくつかある。カエルの中には袋で育てるものがあるし、ハチやアリは巧みな巣を作って子どもを保護する。これらは①に比べて生む卵は少ない。③は人間をはじめ、鳥類、獣類など高等な動物が含まれている。これらの動物は筋肉、脳髄などを発達させないと生きていけない。このため筋肉や脳力を鍛え、その後に手放すことになる。どんな動物でも寿命があり、寿命の尽きる前に生殖をし個体を残さないと、種族が維持できない。教育は生殖の目的を達成するため、生殖に続いて行うもので、生殖作用の追加と名付けていいだろう。生物学上から見れば、国家教育の目的が、自己の民族の維持発展にあることは、はっきりしている。教育は生殖作用の足らざるところを補い、生殖の目的を十分に達成させるものだとすれば、教育の目的は生殖の目的と一致しなければならない。生物学上、教育の目的は種族の維持にあることは、明らかである」

教育の目的が民族の維持発展という主張は、民族同士が争っていた時代の考え方だろう。今なら人類の維持発展と置き換えられていい。いずれにしても、教育という行為を生物としての行為という文脈で考えることで、教育の意義をより鮮明に考えるきっかけになる。

◎「述懐」（1908年＝明治41年）

ここでは高等師範学校教授を10年務めた時点での感想を書いている。

「教育学、教授法に対する私の感じていることを述べたい。教育は人生に大切で、民族の運命に偉大な関係を持つ。教育の進んだ国民は繁栄し、教育の進まない国民は衰微する。高等師範学校は普通教育の淵源で、勤めるようになってから図書室に行き、教育学の本を何冊か読んだ。しかし、理解できないところは、何回読んでも理解できなかった。理解できた部分は、当然でわざわざ議論すべき事柄とは思わなかった。教授法の本を読んで、4種に分類できた。①当然と思うこと②机上の空論③議論の出発点が誤っている④ばかばかしくて吹き出したくなる、である。最も多いのが②で、次は①だった。私は素人だが、良き教授法は、学力、親切、常識が大切だと考えている。教授法の研究会が各地で開かれ、多くの人間が多くの時間を割いている。しかし、この時間をほかのものに利用したら、いっそう有効な仕事ができるのではないかと思う。総じて今日の教授法は、巧みに過ぎていると思う。教授法を精巧に造りすぎると、生徒が独力で苦しんで学ぶことが減って、結果が良くないかもしれない。私は教育の中心とされる学校にいるが、今日の教育学と教授法にどれほどの真価があるか判断できる境遇に達していない」

◎「民族の発展と理科」（１９１０年＝明治43年）

この論文では、１８９５年の日清戦争、１９０５年の日露戦争の勝利を踏まえて、欧米各国との比較から理科教育の重要性を説いている。

「日本は戦争で清に勝ち、ロシアに勝って一等国と言われるようになった。大いに喜ぶべきことだが、名誉が上がれば責任も重くなるもので、ますます発展するには努力を要する。民族が隆盛になるには、条件が数多くある。人民の身体が強壮でなければならず、勇気も強固な意志も正しい道徳も必要で、協力一致の精神で国をあげて敵にあたる覚悟がなければならない。現在、もっとも勢いのある国は文明の新知識のある国である。国が競争に勝ち、将来の発展を図るためには、新知識に重きを置かなければならない。日本と他の一等国の新聞広告を見ると、大きな差がある。他の国は、自動車、自動船、ガス電気の発動機、液体水素やガラス細工など新知識があふれている。日本は売薬か化粧品で、その他は文芸雑誌が並んでいるにすぎない。輸出産物を見ても日本は生糸と茶で、いずれも天然物で人間の知力が加わっていることは少ない。名所も同様で、ロンドン、パリ、ベルリンなら豊富な博物館、研究所などあるが、日本は富士山や瀬戸内海の天然物である」

日本と諸外国を比べた後、理科教育の必要性を主張する。

「日本人の指先が巧みなことは外国人が言い、事実であろう。しかし、これで得意になるのは間違いだと思う。不器用よりいいが、知力で作り上げた器械の働きと対等の競争ができると考えたら大変である。真の一等国になるには、戦争に強いだけでなく、殖産興業も交通機関も教育学問も優れた国でなければならない。1回の戦争に勝ったことで他の欠点をすべて忘れ、一等国の仲間に加わりたいと思うのは、小学校の運動会の競争に勝った生徒が、読み方やつづり方など大切な科目の点数が悪いのを忘れているようなものだ。人間は生きている間は何らかの戦争は免れない。しかし、平和の戦争における最も重要な武器は、新知識の応用であることを考えれば、今後の発展に理科が極めて重要なことは言うまでもない。今後は自力で他に負けない速力で、文明を進めなければならないが、そのためには常に理科を奨励し、各方面に理科知識を応用することが、何よりも急務である。欧米の一等国には重要な発明がたくさんあるが、日本には何もない。日本の将来の発展を図るには、理科方面の学科を大いに奨励し、農業や工業に広く応用することが重要である。国民こぞって文学に傾き、小学校の生徒まで好んで作文を投書している。これに比べると、理科に対する国民の興味は微々たるものである。理科も専門の学者は少数でいいが、専門でなくても常に理科の進歩発達を図ることに力を添える人間が多くならないと、日本の将来は隆盛にならないだろう」

◎「教育と迷信」（1911年＝明治44年）

これも日清、日露の戦争勝利を踏まえた論文である。理科教育の重要性を説いた上で、社会から迷信を排することに力点を置いている。

「教育の目的は、独立していけるだけの資格を備えた次代の国民を養成することにある。そのためにはまず、他の国と日本を比較し、現状を熟知することが必要である。日本は清とロシアに戦争で勝って、一等国に数えられるようになった。しかし、軍事以外を英米独仏と比較すると、ひいき目で見ても彼らに匹敵するとはいえない。理由は理科の知識が普及せず、応用の発達しないことである。交通の発達した現在、劣った点があるとたちまち窮地に陥る。国と国との間には平和の戦争があって、理科知識の進んだ国が勝つ。日本がロシアに勝ってから、他の国は工業上の秘密を教えてくれないようになった。理科教育を奨励するには、根底の理科的精神を養うことが必要である。理科的精神とは、何事も実物について自身で研究し、疑わしいことがあればどこまでも実物から求める心を指すのであって、この精神がなければ理科は発達しない。書物で読んだことを暗記し、教師から聞いたことを覚え込むことは、理科的精神の正反対である」

続いて迷信について論じている。

「理科的精神と正反対に位置するものは、迷信である。迷信とはその時代の知識を持って考えて、とうてい信ずべき理由のないことを、みだりに信じていることといえる。理科は疑いによって始まり、研究によって進歩するので、話して聞かされたことを頭から信じてかかる迷信とは、両立できない。人間の知識は進歩するので、きょう真理と見なされることが、将来迷信と名付けられる時が来るかもしれない。全く迷信のない国はないが、日本は多いように思う。昔は迷信によって民を治めようとしたところもある。主権者を神の代表者と信じさせ、主権者の意志は神の意志だから絶対に服従すべきと教え、そむく者は厳罰に処する仕組みにして民を治めようとしたが、治める側からすれば都合の良い仕組みで、完全に行われれば何の困難もなく長く治めていける。世の中に国がひとつしかなければ、それでもいいかもしれないが、たくさんの国が競争をしている以上、安心は出来ない。迷信をもって民を治めるのは大いに害がある。迷信を残そうとすれば、理科的精神を抑え、理科の発達を妨げ、文明の進歩を阻害する。英米独のような国は、迷信を利用することが最も少ない国で、スペインは最も多く迷信を利用したように思う。教育の一手段として神社仏閣に参詣することが行われているが、迷信は避けなければならない。参詣は古来からの風俗だが、神社仏閣の由来や縁起を書いたものをみると、昔の未開の時代に誰かが造ったものとみえて、今の知識では迷信と見なさざるをえないことが書いてある。神仏を敬うようにする時、迷信を退けることをしているだろうか。神仏を敬う心を養おうと急ぐあまり、迷信を広げているなら害は大きい。教育に従事している人が、深く考えなければならないことである。神仏の尊崇を奨励すれば、世の風俗が改良されるかどうかが疑問である。『苦しいときの神頼み』ということわざもあり、効果が現れない場合は神仏に頼るようになりやすい。事情は大いに察すべきだが、我が国の現状を見るに、理科的精神の鼓吹すべきことは明らかである」

列強がひしめく当時、日本がどう生き延びたらいいか、そのためにどんな教育が必要か、危機感が伝わってくる。

◎「疑いの教育」（1912年＝明治45年）

ここでは初等教育における疑問の重要性を強調する。

「明治維新以後、日本の教育は進歩し、特に初等教育が優れているといわれ、喜ばしいことである。しかし、初等教育では極めて大事なことが、忘れられていると思う。それは、ものを疑うということである。初等教育では生徒は先生の言うことを聞いて、ただ信じるようになっている。疑ってかかる心の働きを養う機会が少ない。ワットもニュートンも、普通の人が当然として疑わないことを疑ったために大発明ができた。疑う能力がなければ、発見発明は出来ない。日本が文明国になろうとするなら、研究心を奨励することが急務であるが、そのためには幼い頃から何者に対してもまず疑ってかかり、研究によってその疑いを解く習慣を養うことが必要だろう。初等教育で、単に信じることばかりの習慣をつけると、疑ってかかる力が衰え、研究する精神が滅びてしまう。信ずる働きと疑う働きを、適度に養うことが必要である。多くの実例から考えると、軽々しく物事を信じる癖のある人は、今まで信じてきたことが間違っていたと気づいたとき、極端な方向に走って、今まで信じたことと正反対のことを盲進しやすい。初等教育のころから疑いの教育で、疑いの働きを発達させておけば、実社会に出ていろいろな事に触れても反動が緩やかで、穏健な思想を養うのに都合がいいかもしれない」

今でこそ子どものころから疑問を持つことはいいことだと思われている。しかし現在、実際の教育現場で、どこまで奨励されているだろうか。明治時代にこの点を強調していたことは、知識習得で西洋列強に追いつけ追い越せの時代にあって、発見発明の重要性を強調していたことであり、斬新な考え方だったと思われる。物事の本質をとらえる丘らしい主張と言える。

第5章　教育Ⅱ（大正時代）

この章では大正時代に発表された教育に関する論文を紹介する。

◎「実用を重んずるの弊」（1915年＝大正4年）

目の前の実用ではなく、原理追究の重要性を強調している。

「いかなる金言でも応用を誤ると、弊を免れない。実用を重んずることは、それだけ考えると悪いわけではない。しかし、思慮の浅い教育家の手にかかると、不利益な結果になりかねない。実用といえば、何でも直ちに食えるものか売れるものでなければならないと考えてしまう。動物のことを教えるなら、鰹節の蒸し方やスルメの乾かし方を教えるのが、実用を重んずると考えている。実用を重んずるという裏には、原理の研究を軽んじるという弊害がある。他の民族と競争するには相手を知り、おのれを知ることが何より大切である。何らかの方法でこれを補うようにつとめることを、1日も怠ってはならない。ドイツがなぜ盛んに理科知識を応用したかというと、理科の原理の研究が盛んに行われたからである。原理の研究が進めば、新たな原理が発見され、これを応用したあらたな器械や方法が、発見される。建築に例えれば、原理は1階、応用は2階のようなもので、原理を知らずに応用はできない。ドイツは、何事も研究し尽くす意欲が旺盛である。しかし日本は、目前の実用のみを知って、原理研究を認めない。理科は国民に理科的研究心を起こさせ、何事も実物からの研究が必要であると悟らせれば、これが何よりの真の実用である。目前の実用ではなく、実用の意味を広くとらえなければならない」

◎「理科教育の根底」（1918年＝大正7年）

1914年に起きた第1次世界大戦を強く意識した論文だ。自由な研究心は丘の一貫した教育理論である。

「明治維新以来50年の間、ほとんど顧みられなかった理科教育が流行し始めたのは、なぜだろうか。欧州を中心とした第1次世界大戦で薬品、染料、ブリキ、ガラス板など種々の日用品が止まって、日常生活にはなはだしい不自由を感ずるに至ったからである。西洋で理科の知識とその応用が進んだ理由は、強い研究心にある。日本の教育上の急務は、この研究心の養成にある。研究心を養成するには、生徒各自に自由に物を見させ、疑わさせ、独力によって疑いを解こうと努めさせることによってのみ、できるのである。生徒は同じ事をなす必要はなく、銘々が勝手に始め、勝手な方向に進んでいっても差し支えない。物事を疑ってかかる精神の態度と、何事でも言い聞かされたことをそのまま信ずる精神の態度は、到底両立しない。研究には考える自由が必要で、考え方が自由なら、他人から信仰を強いられても、服従することはない。同じ脳髄で両方を兼ねることは不可能であって、一方が進めば、他方は退くしかない。真に民族の将来を考えて理科の進歩を望むなら、研究心を養成することが急務である。研究心を盛んにするには、自由に考えることを許さなければならない。良い米を作るには、良い種と良い田地と良い世話がそろわなければならない。同じように、旺盛な研究心を生むには、良い人と良い社会と良い教育が、そろわなければならない。いかに研究熱心な者でも、食わずには生きていけないので、安心して研究できる環境も必要である。ドイツやアメリカの大学や研究機関では、教員が研究に専念できる環境が整っている。うらやましい限りである」

理科教育の必要性と発展の具体的な仕組みに言及している。自らの研究環境も踏まえての提案だと思われるが、とにかく自由な思考を何よりも強調していることが印象的である。

◎**「一代後を標準とせよ」（1918年＝大正7年）**

ここでは目先ではなく、長期的視点に立った教育の重要性を説いている。

「どんな動物でも自己の個体を維持するか、自己の種族を維持するために行動する。人間のように生活状態が複雑になった動物は、ただ子どもを生んだだけでは、自己の民族を長く生存させることはできない。子どもを教育し、親が死んでも民族の将来は安全、という程度まで育て上げなければならない。今日、世界で一等国とみなされているのは、アメリカ、イギリス、フランス、ドイツなどの諸国である。どの民族もこれらの強い民族と競争する覚悟を要する。教育は次代の国民を養成する事業なので、将来に重きをおくべきことは言うまでもない。差し当たり、一代後のことを考え、これに適するように教育の仕方を工夫することができれば、それで満足するほかない。現代は「悪筆は一生の損」と習字を熱心に教えているが、一代後に他の民族と競争するにあたって、何の役に立つかと考えてみると、大いに疑わしい。真の教育者のなすべきは、目前の状態に応じて学校教育をするのではなく、将来の事情に合うように、世の中を改造するつもりで努力しなければならない。また国語では文字をもてあそぶことが主流になり、平易な言葉で言えば誰でもわかることを、意図的にわかりにくい文字を並べて喜んでいる。今日のように、各民族が他に負けないために全力を尽くさなければならない世の中では、少しのムダはたちまち結果にあらわれる。将来のために役立たないと思われることは、義務教育から省いて、その時間を他の方面に利用するよう心がけなければならない」

「どの方面が重要かと言えば、知育である。徳育や体育も軽んじていいわけではないが、時間に制限がある以上、相手民族に比べてどこが劣っているか、どの方面の教育が最も効果があるか、の2点を考える必要がある。今後の競争で重要なものは、知力であり、今回の戦争も主として知力の戦争だったと言われている。学校教育で最も効率が高いのは、知育であることは疑いを入れない。我が国の教科書の内容は貧弱である。知育は他国に比べて大いに劣っているので改善しなければならない。最近、理科熱が盛んだが、理科は一時の熱で進歩するものではない。理科の根底は、何事に対してもどこまでも研究し、得心がゆくまで止めない強い研究心である。強い研究心を養成できれば、創造や発明は続々とできる。研究に必要な第1の条件は、自由に考えることである。すべての方面に自由に考えることができるなら、理科の研究も著しく進む。思想の自由を圧迫すれば、研究心は萎縮する」

「最後に言いたいことは、少年の思想を導くにあたって、教育者は一代後を標準とすべきことである。歴史は繰り返すこともあれば、一度進んだらもとに戻らない部分もある。もとに戻らない歴史の潮流の一つは、19世紀から20世紀初めにわたって著しく現れた文明民族の奴隷根性の消滅である。昔は英雄に対して奴隷として服従していたため、歴史はことごとく指導者個人の伝記のような形で、民衆は歴史家の眼中になかった。しかし今後、歴史に記すべきは、民族全体としての行動であって、その指導者はあまり重きをおかない。歴史的事件の主役は今後、いつも民族全体になり、昔のように英雄豪傑として、神のように崇拝されることにはならない。教育者は他の民族は将来、どのような方向に進むか十分に洞察し、これを参考に必要な手を打たなければならない。万一、頑迷固陋な教育者の一群があって、20世紀の青年の脳髄を18世紀的に改造することが国家のために有益と思い込み、あらゆる方法を講じてその実行を試みたならば、必ず青年の反抗を呼び起こし、かえってゆゆしい結果を生じるにいたるだろう。真にわが民族の行く末を思う教育者は、知育、体育、徳育において、常に一代後を標準として策をめぐらすことが何よりも必要である」

◎「**先ずちょんまげを切れ**」（**1919年＝大正8年**）

丘は具体的な社会事象について論じることは少なく、抽象的に語ることが多い。この評論もその基本線を守っている。しかし、この評論では明治初期の教育を評価し、明治20年代と明治40年代の転機を批判している。明示こそしていないが、20年代は教育勅語、40年代は国定教科書の改訂を指していると思われる。いずれも天皇を中心とした国家主義的な教育を推進させたものだが、丘の批判は鋭い。

「今日の教育が改造を要するかどうかはもはや問題ではなく、どう改造するか、が当面の問題のようだ。雑誌などに載る教育者の意見は、思想が著しく遅れていると感じることが多い。教育者の考え方が時世に伴うほど進んでいないとすれば、教育改造は望むべくもない。表題を見て不審に思う人もいるかもしれないが、ちょんまげには2種類ある。一つは頭の外にあって見えるちょんまげ、もう一つは頭の中にあって見えないちょんまげだ。明治維新の後、両方とも同時に切り捨てられた。頭の中のちょんまげは、切った当初は極めて短かったが、その後だんだんと伸びて、明治20年代の前半の中頃には立派なちょんまげが結えるようになり、明治40年代の前半の中ごろには、さらに倍の大きさのちょんまげとなった。頭の中のちょんまげというのは、国粋保存と称する仮面をかぶった頑迷固陋な旧弊思想のことである。一度捨て去った旧弊思想が再び盛んになったのは、それぞれ理由のあることであるが、ここでは論じない。国民性のしからしむるところとでも言っておくのが、一番あたりさわりがないだろう」

「国粋を保存することは、誰が考えても悪いはずはない。自分の国の優れているものを保存しようと思うのは、単に人情であるだけでなく、国の存立のためにも必要なことである。しかし、真に国粋なるものは、どこの国の人に聞かせても、なるほどと得心するものでなければならない。見聞の狭い人ほどつまらない物を自慢したがる。何を国粋とするか決める前には、世界の大勢に通じ、公平な眼をもって自国と他国を比べ、真に自国の優れている点を、理解しなければならない。他国の人に通用しない偏狭な考え方を継続しようというのは、国粋の保存ではなく、旧弊に対する執着に過ぎない。維新後に国民が旧弊を捨てたのは、知識が進んだからではなく、文明と旧弊を区別する標準もなく、西洋人のすることが文明、西洋人がしないことを旧弊と決めてかかったからだ。日本のしてきたことがすべて旧弊となると、反動も起き、反動は極端になる。今まで閉塞してきたすべての旧弊思想が、頭をもたげてきた」

「小学校の生徒には、我が国が世界第1と信じている者が多くいる。世界第1と考えれば、先に進もうという奮発心が起きない。子どもに奮発心を起こさせるには、我が国の劣っている点を痛切に感じさせることが必要である。今後、他民族との競争に負けないためには、何事も独力で進めていかなければならないが、そのためにはできるだけ脳を独創的に働かせる習慣をつけなければならない。発明力を増すには、国民一般の研究心を盛んにすることが必要で、そのためには何事も自由に考えさせるようにしなければならない。独創的精神を養うには、何人も自分で考えて見て、間違いであると思ったことを遠慮なく言わせなくてはならない。迷信を迷信として公然と排斥することのできた明治の初年は、この点において今よりはるかに優っていた」

「教育者の中には、青年らが外来の思想に触れるのは大いに危険だ、として恐れている人も少なくないようだが、新思想で危険に陥るのは頑迷な旧弊思想だけである。相当の知識を備えた者が、独力で判断してみれば、危険な理由がわかるだろう。当方の知識さえ進んでいれば、大して危険ではない。変化の大きい将来を思えば、新しい思想に触れさせず、独力で判断する機会を与えないのは、むしろ危険である。教育の改造については、種々の意見が発表され、実行されるだろう。しかし、頑迷固陋な旧弊思想をそのまま尊重するなら、改造は枝葉の改造にとどまり、有名無実に終わるだろう」

丘は国家主義的な教育をイデオロギー的な立場から批判しているわけではなく、自由な思考に立脚した教育の本質的な意義を踏まえて、論じている。現実を直視し、世界の大勢を踏まえた思考を強調している。

◎「他力教育の危機」（1919年＝大正8年）

自ら「他力教育」という言葉を造って論じている。

「他力教育とは、教える側があらかじめ生徒に信ずべきことを定めておき、これを生徒の頭に押し込もうとつとめる流儀をいう。これは上に立つ者が、困難なく下々を治めようと欲する場合に用いる常套手段である。太平の続く間、教育はことごとく他力教育である。異端の教育が頭を持ち上げるのは、治める側の権力が揺らいだ時で、革命の起こる前兆だった。教育は元来、手本を示して生徒にまねをさせることだった。鳥は飛ぶことを見せて子どもに教えている。かつては他力教育だけだったが、今のように学科が多くなると、他力に用いて都合の良い学科とそうでない学科が出てくる」

他力教育に対する言葉として「自動主義」という言葉を造り、論じていく。現代なら、導入の必要性が叫ばれているアクティブラーニングと一脈通じるものがありそうだ。

「自動主義とは、生徒を自ら動かしめる主義である。筋肉だけでなく、脳髄も動かしめるから、他力教育の正反対である。だんだん自由に考える人が増えれば、世間も自動主義に傾き、教育界でも最近は主張され始めた。何事も自分で考えれば、独立自尊の思想が養成され、独力で自由に考え、本に何と書いてあっても、自分で信じた価値以外は信じなくなる。他力教育が成功すれば、世の中はこりかたまりの信者だけとなる。自動主義の教育が成功すれば、自由思想家が次々と現れる。教育が複雑になり、一人の生徒が受ける教育でこの二つが行われれば、二者の間で暗闘が起きる。この争いがどうなるか考えると、自由に傾くことは時勢の影響であり、自動主義が勝つと思われる。しかし、治める側に立つ者が剣の力によって他力教育を守れば、存続する。自由に考える人が多数になった時には、サーベルで他力教育を支えるほかに道はない。他力教育を存続しようとすれば、人々の反感を増すことになるだろう」

自動教育が、時代の流れだと指摘している。

◎「科学・常識・迷信」（1925年＝大正14年）

「常識とは知識ではなく、判断力である」という点から合理的な思考を展開していく。

「我が国の言葉の中で、『常識』ほど誤用されている言葉はないように思われる。しかも知識階級の人が誤用しているので、驚くほかない。常識という言葉は、昔から我が国あったわけではなく、英語のコモンセンスを訳したと思われる。英語の辞書では『経験に基づいた実際的な判断力』となっている。判断力であるこの言葉を、我が国では『このくらいのことは誰でも知っていなければならないはずのこと』、すなわち普通の知識という意味で使っている。判断力を知識という意味に用いていることに、大いなる誤解が生ずる。判断と記憶している知識は違う。世間の学校では、生徒の常識を試すと言って、今の内務大臣は誰か、東京の市長は誰か、日本には師団がいくつあるか、という類いの問題を出すそうだが、これは常識の問題ではなく、ことごとく記憶の問題である。常識を試すなら、汽車の通る鉄橋を歩いたら危険か、ガソリンを取り扱いながらタバコを吸うことは良いか、といった問題を出さなければならない。これらは判断力を働かせる必要があり、常識に関わる問題である。常識が一種の判断力である以上、その判断の標準とすべき法則がなければならない。常識のよりどころは、経験や知識である。完全無欠ではなく、人によって段階がある」

「次に、科学とは何だろうか。科学は単に常識をそのまま進めたものにすぎない。常識と科学との差は、単に精粗の差だけであって、脳の働き方が根本的に違うわけではない。科学と常識が違うように見えることがあるが、これは常識に知識が足りないか、科学が道を踏み迷ったかのどちらかである。知識が広がるに従って、地球は丸く、生物は進化するとわかって、常識も変わってきた。科学の進歩は、常識を進めることになる。科学の普及は、一般の人の常識を進める上で、大いに必要である」

「常識と反対のものが、迷信である。毎日の新聞に出ている運勢も、その一つである。世の中を進歩させるためには、有益なことを始めることが必要だが、有害なことを取り除くのもこれに劣らず必要である。常識が普及すれば、迷信は影を隠すことになる。常識は判断力だから、判断力が欠けていると、くだらないことを信じることになる。知識を光とすれば、迷信は闇である。小学校、中学校の生徒のころから、判断力を練っていく教育をほどこさなければならない。単に物を暗記させるような教育では、判断力が萎縮し、枯れてしまう。明治以後の普通教育は発達したといわれるが、常識の養成という点から見ると、明治10年頃のほうが今日よりはるかに進んでいるように思われる。科学を普及させることは、常識の基礎となる知識を豊富にし、迷信を駆除することになる」

丘は明治初期の教育の方が良かったことをたびたび述べ、迷信がはびこってきた明治中期以降の教育を批判している。自由がさらに制約され、戦争に突き進んでいく昭和時代を予見しているかのようだ。

第6章　自然

「いわゆる自然の美と自然の愛」（1905年＝明治38年）は、自然に関する論考である。自然を知ることと倫理学の関係、真善美について考察を加えていく。

「教育学の書物で、博物学の教育的価値を論ずる場合、必ず次の文がある。『博物学を受ける目的は、生徒に自然の美を感じさせ、自然物を愛する感情を持たせるためである』という。自然は美なりという考え方は、誤っている。虚心に自然を観察すれば、美しいと感じるものもあるが、醜と感じるものもたくさんある。自然を観察するために郊外へ行けば、荒れ果てた草原に牛や馬の骨が乱れ、腐ったネコの死骸があり、その隣にイヌの糞がある。このような光景を見ながら、醜なる部分は言わず、美なる部分のみを称賛する理由は、キリスト教の影響があるからだろう。キリスト教はさかんに自然の美を説き、美しい世界を与えた神様の慈愛を説き、それが教育学にしみ込んだのであろう。私の考えを言えば、自然には美なるものもあり、醜なるものもある」

「博物学は自然を研究する学科であるが、目的は決して自然の美を探ることではなく、ただ自然のありのままを知ることである。他の人が醜と認めるものを、さらに詳しく調べて、その中に美を発見することもあり、その逆もある。美醜を何によって決めるかといえば、その基準はいつでもどこでも同一であるわけではない。人種により、古今により、様々な相違がある。一歩譲って自然を美と見なした場合、生徒が自然の美を愛するようになるだろうか。愛することが奨励すべきほどいいことか、疑問である。世間では家を愛し、国を愛し、人類を愛し、宇宙を愛する心を同一とみなし、愛の範囲が広いほど尊いと言っているが、私の考えは違う。家や国を愛することは生物学上、正当な理由があるが、宇宙万物を愛するのは錯誤だと思う。人間は社会的動物で、団体を作って生存する。団体を作る場合、各個体に利他の心がなければ生存はおぼつかない。利他心は社会的動物の生存における必要条件である。人類の利他心は、生存競争の単位である一団体で働いている間は有効だが、宇宙万物まで広げるのは適当だろうか」

「博物学によって生徒に自然の美を感じさせ、自然物を愛する情を起こさせることは、必要でもなければ、出来ることでもない。博物学の倫理的価値は、生徒に虚心坦懐に人類と自然を観察する習慣をつけ、人類と自然のありのままを知らせることにある。人間に関することを論ずるには、まず人間を知ることが必要である。自然における人類の位置を知るのは、すべての倫理的思想の根本である。これを知るには、まず自然のありのままと人間のありのままを知らなければならない。これが博物学である。博物学と倫理学の関係は、親密である。真の倫理学は博物学を基礎として、その上に立つべきである」

「真善美は人の理想とするところであるが、真と善と美の間には著しい相違がある。善と美の基準は、我々自己の持っている基準によって測っている。しかし、真は標準が自然のほうにあって、我々にはない。真に向かう方向は、ただ虚心坦懐に自然を研究するほかない。我々の知識は実にわずかで、なかなか自然の真、あり様を知ることはできない。苦心して研究すれば、少しずつ真を知る方向に進むことが出来る。善と美の基準は、時により国により異なることがあるが、真の標準は永久不変であって、これに近づくのが人智の進歩である」

「自然の復讐」（1911年=明治44年）では、自然と人間の相互関係について、考えをめぐらせている。

「自然を征服したことは、人類の最も誇りとするところである。人類は自然を征服したことを、何よりの手柄と心得、文明の進んだことを得意として、今後もますます競って自然を征服しようと努めている。しかし、ここに一つの疑問がある。自然は人類に征服されるだけで、人類に復讐を企てることはないだろうか。我々が自然を征服したと得意になっている間に、あたかもシロアリが寺を食べるように、見えないところで仇討ちをしようとしていることは、ないだろうか」

「自然には一定の理法があって、これを破るものは必ず罰せられる。例えば森林の樹木を全部切ってしまえば、山が丸裸になって雨水を吸収しなくなり、雨降りのたびに洪水になってしまう。工場から汚物を川に流せば、その先でサカナが捕れなくなって、土地の産業は絶えてしまう。これらは知識が足りず、先見の明がないために起こったもので、人智が進めば同じ過ちを避けることが出来る。結果を取り消すことも不可能ではない。自然の復讐としては軽いものである」

「生物には、絶えず鍛える部分は強くなり、保護される部分は弱くなる性質がある。人類が火を用い始めたことは、特筆すべき自然の征服だが、物を煮て食べるようになってから、人間の消化器は著しく弱くなった。食物を煮て食べる動物は、人間以外にないが、人間ほど歯や胃腸が弱い動物もない。衣服を着て寒さを防ぐようになり、皮膚は弱くなった。人間のようにわずかばかりの寒暖の変化によって、カゼを引く動物もないだろう。冬の寒さや夏の暑さを避けるようになるに従って、自然は復讐し、人類の体質を根底から弱くしている。自然の復讐は、ゆっくり現れるから、普通の人は気づかないが、その結果は恐ろしい。学者が騒ぎ出す頃には、手遅れで容易に回復の見込みは立たない」

「医学は文明とともに進む。衛生も開化に従って重んぜられる。衛生思想をみれば、文明の程度を推察することができる。医学が進めば治らなかった病気が治り、個人を助ける事が出来る。しかし、人類生まれながらの体質に影響し、自然の復讐があるようだ。生物には、わずかなキズや毒物には自ら治し抵抗する性質がある。軽く済ませた病気の免疫を得ることも同様である。回復力や抵抗力が足らない体質の者を、人為的に助けるのは、人類の抵抗力を落とす可能性もある。可愛い子に旅をさせるように、消化器にも時々硬い物を消化させ、皮膚も浮世の風に当てて辛抱させた方がいい」

「自然の復讐の最も残酷なものは、人間の社会生活の不条理に起因するものである。蒸気機関も水力発電も人間のなしえた自然の征服としては、立派なものであるが、後から見れば貧富の格差を激しくするために造られたかの観がある。欧州諸国で貧富の差が生まれたのは、蒸気機関が工場に導入されて以来であり、蒸気機関は貧民製造機関ということもできる。蒸気機関で多数の貧困者が出るのは、社会の制度の中に不条理な点が存在するからだろう。富者が富み、貧者が貧しくなれば、富者は自然の生活に飽きて不自然なことを試みる。貧者は生活の困難なためにやむを得ず不自然なことを行うであろうが、これに対して自然は必ず復讐をする。多くの社会問題が起こったのは、人間が身分も顧みず無謀に自然を征服して勝ち誇ったため、激しい復讐を被っているともいえる。この種類のことは、政治上にも経済上にも道徳上にも教育上にも、実に無数にあるように思われる」

「自然を征服して文明を進めれば、自然から激しく復讐される。そうなれば、自然を征服することを全く止めて、自然に従えという人がいるかもしれないが、それは良くない。今は民族間の競争が激しく、どんな者が勝つかといえば、自然の征服に一歩でも先へ進んだ者が勝つ。自然からの復讐はやむを得ないと覚悟して、自然を征服するほかない。社会問題の解決に尽力しながら、他方で自然の征服に務め、物質的文明を進めて他民族に先んずるように心がけることが肝要である」

自然の摂理を超えた人類の行為に対し、自然が復讐するという言葉は、示唆的であり、重要である。現代の人類が忘れがちなことである。丘は最後の部分で、「民族」の競争がある以上、自然の征服に励むべきだとしている。当時は民族対立の意識が強いが、今は「人類」という意識がなければ解決できない問題が多く出現している。核兵器、原子力発電、地球温暖化、気候変動、環境汚染などが代表的だ。解決に向けては、自然の摂理を十分に認識した上で、各国・各民族が協調して知恵を絞り、汗をかいていくしかないだろう。

第7章　戦争

「戦争と平和」（1904年＝明治37年）は題名通り、戦争について論じている。生存競争を繰り広げる人間が、戦争を止めることについては、悲観的である。

「日露戦争が始まって以来、どの雑誌も戦争で持ちきりである。戦時における心得を書いたものがあり、戦争と平和を相反するものとし、平和は戦争の反対と誤解しているものがある。戦時に必要な心得を捨ててしまっては、戦勝の利益も消えてしまう。常に戦争とは何か、平和とは何か、を研究しておかなければならない。世の中には平和が常で、戦争は例外と思っている人がいるが、世界の歴史を調べてみればその反対である。全世界を通じて言えば、どこにも戦争のない日はないだろう。戦争は人間の生存競争であって、人間が存在している間は、戦争はとうてい避けることができない。言い換えれば、戦争は実だが、平和は虚である。たいがいの戦争は平和を目的とするが、戦争の済んだ後に真の平和が来た例はない。平和はアラビアの砂漠でヤシの蜃気楼をみているようなものである。これは人類の性質に基づくもので、いかんともしがたい。個人の生活をみれば、生まれてから死ぬまで、戦争の連続ではないか。人間は社交的動物で、常に団体を形作っているが、団体間はまさに戦闘である。多数の種族が膨張していけば、その間に衝突が起こるのは当然である。戦争は絶えないものと覚悟しなければならない」

「今日の戦争は、軍艦や弾丸で非常に高価である。経済的に考えると、戦争は簡単にはできない。軍備を整え、戦争をすれば、ともに経済的につぶれてしまう。我慢のできる限りは戦争を始めないが、種族の生存が危うくなれば、危険を犯して戦争をするだろう。戦争の手段と方法は、人知が進めば変わるだろうが、戦争そのものがなくなることはない。世界の強国が同盟をすれば、戦争がなくなるという人もいるが、なくならないだろう。同盟は何かといえば、共同の敵に対して身を守る方便にすぎない。共同の敵が滅びれば、同盟は破れ、お互い敵になる。また同盟が生まれるが、永久不変ではない。諸強国が連合して一種の高等な仲裁所を作り、列強の上に置くという人もいる。ささいな事件には、面倒を省くため使うかもしれないが、自己の種族の存亡がかかる事態については、自己の不利益を承諾できるものではない。こう論じてくると、過去の歴史が戦争の記録で満たされているように、未来も同じだと断言しなければならない。戦争と戦争の間に、少し平和な時代がはさまるかもしれないが、幕間のようなものだ。世界の郵便や為替、漁業などの会議が生まれているが、各種族の膨張の結果生まれるあつれきと、種族共通の便益は別物で、世界規模の会議が発達しても戦争がなくなるわけではない。平和は次に来たるべき戦争の準備であると心得て、戦時同様の覚悟を失ってはならない。『治にいて乱を忘れず』という昔からの戒めは、重要である」

「戦争を始めるのも平和のため、併呑するのも平和のため、何でもかんでも平和のためと称している。外交文書で平和と書くのは、拝啓という定型文のようなもので、何の意味もない。平和という文字を含んだ外交文書が多くなれば、次の戦争が迫ってきたと見なして準備をすることが必要である。人道という言葉も同じような口実に使われる。人道のためと称して、文明国に攻め滅ぼされた例は、どれほどあるだろう。列強はいずれも平和を愛し、人道を重んじ、平和会議を主唱している。平和の敵、人道の敵というのは、平たく言えば、種族膨張の邪魔をする奴ら、ということにすぎない」

「いかに文明が進んでも、人間の幸福は増すものではなく、かえって人間の苦しみが増え、不平が多くなる。文明が進んでも、生存競争がなくなるわけではないから、大多数は苦しんで渡世しなければならない。他種族に負けない早さで文明を進めなければ滅亡する。文明の高い種族は日々膨張し、低い種族はだんだん圧迫されて滅亡に近づいている。精神が確かでも、物質面で劣るようでは生存競争には勝てない。今の青年の中には、トルストイのような不健全な思想に感染して、今日の文明を物質的文明と名付け、軽蔑の意味を持って得々としている者もあるようが、心得違いである。日本を真の一等国として、大いに民族の発展を図ろうとするなら、文明の価値を承知し、戦艦でも機関車でも我が国でできるようにすべきである。そのくらいの意気込みでなければ、他の国と文明がかけ離れて、追いつけないほど遅れてしまう」

「ここで文明というのは、文明紳士のぜいたく生活を指すのではない。文明社会に欠点は多いが、だからといってその罪を文明そのものにかぶせるのは、議論が転倒している。知力の進歩は生存競争にゆるがせにできないので、文明を発達させるように力を尽くし、文明の欠点は別にその原因を研究して、防ぐ方法を講ずるしかない。科学万能主義を排すると称する者もいるが、これも大いに戒めるべきである。科学以外のことはどうなっても構わない、ただ科学だけ進めばいいと思っている人がいるとは思えない。科学以外に重要なことが数多くあるのは当然だが、生存競争には科学の進歩が最も有力な武器であることは、事実である。宗教や文学を進歩させるのは結構だが、そのために科学万能説に飽きたとか、物質的文明に飽き足らぬと言うのは、慎まなければならない。人間は日夜戦闘のみに従事しているわけではない。相当の娯楽がなくてはならず、美術文芸も人生にとって欠くべからざるものである。安心立命のためには宗教も必要である。しかしこれらのために、物質的文明の進歩をゆるめて、安心していられる理由はない。もし物質的文明の進歩に遅れたら、たちまち他国から圧迫される。人間の性質上、戦争がなくなることは望めない。外から我が民族を圧迫する力と、我が民族が膨張する力との釣り合いによって、しばらくの平和が保たれるに過ぎない。生存競争がある間は、科学の発達、文明的進歩は、一日もゆるがせにできなことが明白である。十分にこの点に力を尽くし、他民族を追い越そうと努めなければならない。多数の青年の愛読する文学雑誌には、科学や物質文明を呪うような口調の議論もある。迷わされる人がないかと、老婆心から一言言っておきたい」

丘は人類にとって戦争は避けられないという認識だが、だからといって戦争をすべきだと主張しているわけではない。丘の主張の背景には、列強が勢力を競う時代がある。現代の我々には、生物たる人類の本質を冷徹に見つめた上で、希望的観測に基づいた空想的な平和論を排し、現実を重視した国際協調を求めている、と解釈すべきだろう。

「善と悪」（１９２５年＝大正14年）では、団体生活をする人類にとっての善と悪を論じている。

「善と悪はこれまで、何人の学者に何回論じられたかわからないが、生物学上からみれば、容易に解決できる。出発点は生物の進化である。生物は単純から複雑に、下等から高等に進むのが常である。単細胞動物しかいなかった時代からこれまで、どう進化してきただろうか。単細胞動物は独立の生活を営んでいるが、大きさに一定の制限があってそれ以上成長できないため、身体の量がある程度まで大きくなると、分裂か芽生えによって数が増えることになる。すなわち、生殖の必要が生じるが、2個以上の細胞が離れ終わらないうちに共同の敵に攻められるか、共同のエサを求める必要のため、力を合わせて生活をする。すると細胞群となる。細胞群同士が争うと、細胞同士の間に分業が行われ、この細胞は消化だけ、別の細胞は運動だけとなる。細胞群がまとまれば、個体になる。個体も同様に一定の大きさになると生殖によって数が増すしかない。各種の個体がまとまると、一つの団体になる。以上述べたように、生物は段階を追って進化する。団体生活を営む種類は最初、単独生活を営んでいたと思われる。各個人の生活は自己本位で、エサは自分だけで食べ、強い者が勝ち、弱い者が負け、慈悲もなければ人情もない生活だったと思われる。善と悪を論じるには、この時代までさかのぼらなければ、真の解決を得られないだろう「個体が団体で生活するようになるのは、生存上の便宜があるからである。強い個体群が生き残ることが続くと、個体群が一個の完結した一段上の階級の個体群に達する。ハチやアリの社会は、このような筋道を通って進化してきた終局の結果である。個体から団体生活に進む中間過程では、個体の行為に明らかに善と悪がある。自己本位の生活が団体本位に移る過程で、個体は団体に有害なことや有利なことをし、団体に損害を与える場合には、悪として責められるだろう。激しい生存競争では、団体生活に適する団体のみが生き残る。人間以外の動物は、団体を単位とした生存競争が絶えないが、人間は別である。人間は道具を使い、よい道具を用いる側が常に勝つから、道具がますます進歩し、大きな団体になる。その結果、団体を単位とした競争は次第にゆるやかになり、団体生活に必要な性質は退歩する。その代わり、単独で生活するのに必要な性質が、盛んになる傾向が出てくる。善をなす性質は退歩し、平気で悪をなす性質が幅をきかしてくる。善と悪に基づく行為が混沌としてきて、わからなくなる。人間の本性は善とも悪とも見えるが、両方を持っている。善は団体を作る。善は団体生活に必要な性質が発達したものである。悪を行う性質は、昔単独生活を営んできたころからの遺物であり、善をなす性質が退歩したことによって、復活したものである」

「偽りと平和」（１９２５年＝大正14年）は、空想的で希望的な平和論を論じている。

「私は何事も生物学的に考えるが、生物の生活に絶対の平和はとうていありえない。瞬間の平和はいたるところに見いだされるが、長く平和が続くことは、生物学上不可能である。私の主張は事実を述べるだけであって、こうあって欲しいというわけではない。私は主戦論者ではなく、戦争の悲惨さを痛切に感じている。戦争を好む者は、戦争で巨万の富を得ようという実業家か、国民に一致団結を強いて国内の政敵の攻撃を鈍らせようという政治家のほかにいないだろう」

「生物は一つの特徴を持っている。他の物を取って自分の身体の一部とすることである。自分の身体物質とは違った物質を取り入れ、変化させ、自分の身体物質と同じ物とするもので、同化作用という。生物は同化作用でどこまでも成長し、生殖するが、生活するには、種々の条件や需要品がなくてはならない。一定量の食物と隠れるための住宅が必要になる。需要品が不足すると、生物個体が成長し生殖できないから、生存のための競争が起こらざるを得ない。一方で、生物個体の間では、生存競争だけでなく相互扶助もある。生物界の生存競争の単位は、細胞、個体、社会という三つの段階があり、おのおのの段階には、発達の程度によって多くの等級がある。単細胞動物では細胞同士の生存競争だけだが、個体を生存単位とする動物では、個体間で生存競争があり、個体内の細胞間では分業による相互扶助が行われる。社会を生存単位とする団体動物では、社会間には生存競争があり、社会内の個体間には相互扶助がある。ある単位で行われる相互扶助は、ひとつ上の単位で十分に生存競争をするための手段である。生存競争は、同一の需要品を求めることで生まれる。水に住む動物と木の上に住む動物では競争は起きないが、動物の種類が似てくれば、その求める需要品も似てくるので、生存競争は激しくなる。同一種類に属する動物は、需要品も同一なので生存競争は激しくなる」

「人間は社会を作っているが、個体間の相互扶助は不完全である。他の団体動物では、社会内の争いがないのに、人間の社会だけに各個人の争いが絶えないのは、どうしてだろうか。私は人間社会の歴史が関係していると思う。人間は他の動物よりはるかに優れた脳を備え、精巧な器械を作り用いたため、社会が大きくなりすぎ、社会を単位とした自然淘汰が、なくなったからである。生物界の生存競争の単位は、細胞、個体、社会の三つの段階があるが、人間は個体と社会の両方で競争している。他の団体動物の生存単位は社会なので、個体間の相互扶助はますます進歩し、個体が戦うことはない。しかし人間は、初めは社会が生存競争の単位だったが、途中から様相が違って個体が生存競争の単位になり、社会間と個体間で戦っている」

「平和論が実行できるかどうかは、人間は意志次第で何事もできるかどうか、で決まる。人間は他の動物と違って自由の意志がある。すべての人間が戦争をしないと決心すれば、戦争はなくなると考えている人にとって、平和論は実行できる真面目な議論である。しかし、意志は自由と言っても一定の際限があり、人間は他の生物と同様、どこかで競争は免れないと考える者からみると、平和論は現実性の乏しい夢と思われる。平和論が生まれるのは、人間の生存競争の単位が社会と個人の二つに分かれて、個体間で争いが激しくなるに従って、社会間の競争が鈍くなったからである。社会間の競争が鈍くなったところを見て、戦争を根絶できると思う人がいると思うが、当分の間は国という競争単位が存在しているので、社会間の競争は当分の間はなくならない。国同士の戦争が始まれば、挙国一致となって個人間の競争は力を失う。戦争が終わって平和な時代になれば、個人間の競争が激しくなる。競争単位として社会が主になるか、個人が主になるかは、時計の振り子のように一方に行きすぎたと思うと、元に戻る状態だ。個体を生存競争の単位とする個人主義が盛んになり、新しい人が増えすぎると、必ずそこに社会を生存単位とする国粋主義が現れ、暴力を用いてもこれを破ろうとする。海岸の波は、寄せたり返したりしている間に潮が次第に満ちてくるように、人間の生存競争は社会と個体の間を彷徨しながら、次第に個体間に傾いて行くであろう」

「生活は戦いなり、とは昔から言われているが、生きている間は、何らかの形で争うことは避けられない。国と国の間が平和であれば、国内で各種団体の間に争いがある。いわゆる平和運動は、国と国との間の戦争だけでもなくそうという努力だが、ある程度まで効果があるのは間違いない。多くの国が成長しようと思う限り、利害の衝突は免れない。平和の手段で解決するのは骨が折れる。各国から人を出して協議すれば、何とか決めることはできるが、多くの場合、強い国の言うことが通り、弱い国は我慢しなければならない。こう考えて世にもてはやされている平和論を読んでみると、あまりに事実を無視しているように感じざるをえない。ある者は、平和は人間社会に当然あるべきで、争いは人間の心得違いから生じていると論じている。ある者は文明の方向が間違っていたので、文明を変えれば戦争はなくなるという。私はこうした説を聞くと、うまくだますなと感じてしまう。論者自身が自分の説にだまされている」

興味深いのは「個人主義が盛んになると、国粋主義が現れ、暴力を用いてもこれを破ろうとする」という指摘だ。「社会が主になるか、個人が主になるかは、振り子のように揺れ動く」という主張は、現代でも当てはまる。しかし、国家・社会か、個人かは、単純な二者択一ではないはずだ。個人の多様性を最大限認めながら、しっかり機能していく社会をどう作るか。具体的な合意は複雑になることもあるだろうが、多様な個人が粘り強く議論しながら、新しい時代を作っていくしかない。そのためのバランスと知恵が求められているといえる。

第8章　文明

「いわゆる『文明の弊』の源」（1908年＝明治41年）を見てみよう。貧富の差を生む原因として、土地や金銭を貸して個人が利子を受け取る制度の存在を指摘している。

「近頃の新聞や雑誌には、文明の弊を論じたものがたくさんある。物質的文明が進んだから、人心が堕落したという。私の意見は異なるので、その大要を述べたい。人心の堕落は確かな事実で、我が国の将来を考えると、憂慮に堪えない。情けないが、一面で堕落を憂う人が存在することは、心強いとも感じる。真の原因を見極めて、これを除かなければならないが、多くの論者は、明治維新以後の物質的文明が進み、人心も堕落したと言うにとどまっている。単に同時に起こったという理由だけで、因果関係があるというのは軽率な議論であり、承認することは出来ない。我が国は、西洋文明を急いで輸入に努めたとは言え、いまだに顕微鏡を満足に作れず、茶や生糸という天然物を輸出して人造物を輸入し、首都に下水の設備さえ行き届いていない。物質的文明が進歩しているとは、言いがたい。維新前からわいろはあり、人心はすでに相応に堕落していた。堕落を救おうと志す人は深く研究し、原因を探り、根本から改めなければならない」

「文明の弊の真の原因は何かと言えば、主として社会の制度、特に財産に関する制度の欠点にある。元来、人間には人の迷惑を顧みないという性質が、生まれながらに備わっている。そうした人間が集まって、社会をなしているのであるから、アリやハチのように完全な社会が成り立つ理屈はない。アリやハチの社会は、長い年月を経て多くの代を重ねる間に自然淘汰が行われた結果、だんだん発達してきたのである。英国のある政治家は『政治の要は容易に悪をしにくい社会を造ることだ』と言った。人間の性質が直らない以上、社会制度を十分に研究し、人間の性質が激しく現れないような社会を造るしかないだろう。今の財産制度のすべてを有害と考えているわけではない。人の賢愚強弱がある以上、財産にも貧富の差があるのは当然である。財産制度の中で、社会生活に適さず人心を堕落させる原因になるものは、土地、物品、金銭などを貸して個人が利子を受け取る制度である。一個人について考えれば、別に不正なことではないが、社会全体に及ぼす影響を調べてみると、すこぶる有害である。ある手段で一定額以上の財産を得た者は、働かずにぜいたくに暮らしていくことができる。社会の中で遊んでいながら、他人の造った米を食べ、他人の織った衣服を着てぜいたくに暮らす者が存在することは、社会に有益かは疑わしい。その者が、一生涯のみならず子孫代々、未来永劫まで、遊んでぜいたくに暮らせるに至っては、何と評してよいかわからない。池や湖で軽いチリは表面に浮かび、重いホコリは底に沈む。常に最上層と最下層が最も汚染される。人間の社会で問題が生じるのは、いつも最上層の富者と最下層の貧者である。ただでさえ人口増加で困難になる生活が、富者がますます富む結果としてより早く困難になる。富者の贅沢を目の前に見て、借金をしてまで表面を飾る風潮が生まれ、衣食足りないため礼節を顧みる余地がなくなり、道義は地に落ちる。近ごろ、射幸心が盛んになったことも驚くべきほどである。原因を探れば、世に遊びながら贅沢を尽くしうる境遇の人があるからだろう。以上述べたごとく、人心堕落の原因は、主として富者がますます富み、貧者がますます貧しくなる制度が存在するため、と断言せざるをえない」

続いて、人心が堕落した現状と、物質文明の関係について、考察を加えていく。

「今日の人心堕落と物質文明の進歩の間の関係だが、全く関係ないとはいえない。例えば昔は歩いて1カ月かかった旅行が、今では1日で行ける。1日かかって手で細工した物が、今では機械を使って1時間で製造できる。物質的文明は時間を縮めるもので、財産制度に不備があれば、悪い結果が現れるまでに要する時間は著しく短縮する。物質的文明が進歩すれば、変化の速度が速く、少数の最富者と無数の最貧者が生まれ、人心の堕落が著しく現れる。そうなると、物質的文明を一時見合わせて、人心堕落の速度を少しでも緩めてはどうかという論が出るかもしれない。『自然に帰れ』と叫んで、現代文明を呪う人もいるが、できることではなく、国力発展にも有害な議論である。自己の属する民族の維持発展を願う者は、今日の世の中では、物質的文明の進歩を止めては安心できない、と覚悟しなければならない。軍事に限らず、すべての物質的文明を進めていかないと、競争で優位を保つことはできない。物質的文明に進むことは、国の存立上避けられないとすれば、今日のように土地、物品、金銭を貸して個人が利子を取る制度が存在する間は、富者は富み、貧者は貧しくなる。従って人心が堕落することは免れない。学校教育では、人格を高めるとやかましく言っている。しかし、不正なことをしても何の制裁も受けず、不品行をしても世間から尊敬されている者を目の前に見ていれば、生徒らに倫理の講義が有効にならないのは言うまでもない。今日、人心の堕落を矯正しようとしているにもかかわらず、風俗が改まらないのは、人心堕落の真の原因が依然として存在している証拠である。貧困に陥った人を助けるため、養育院や慈善会もあって奨励しなければならないが、多数の堕落者を生む原因が社会制度の中にある間は、養育院などで救い尽くせるものではない」

「我々は人間の財産に関する学問を修めていないので、知識は皆無である。今日まで自然に発達してきた利子を私有する制度を改めて、利子を取ることを国家の特権とするようなことが可能かどうかはわからない。改めたとしても、今日以上に人心を堕落させる新たな事情が生まれるかもしれない。しかし、社会的動物の生活状態に比較すると、人心堕落の原因は、遊んで贅沢に暮らせる者と稼いでも生活が立ちゆかない者を生む財産制度の欠点と信じざるをえない」

「現代文明の批評」（１９２０年＝大正９年）は、「人類はくだり坂にある」と規定する。協力一致と服従性をキーワードに文明を読み解いていく。

「私の意見は、どんな問題でも他の論者とは異なる。筆を執れば、多数派の人と正反対の議論になることが多い。理由は言うまでもなく、人類の根本に対する考え方が異なっているためである。多数の論者は、今日の文明人が進歩の途中にあると見て、上り坂を登りつつあると考えている。しかし私は、人類はすでに下り坂の中ほどにあって、一歩一歩退化していくと考える。根本の考え方が異なる以上、物の見方が違うのはやむを得ない」

「今日の人類は、団体があまりに大きくなり過ぎたため、団体間の自然淘汰が行われず、その結果として、団体生活に必要な協力一致の性質が次第に退化した。協力一致の実をあげるには旺盛なる服従性を待つほかないので、協力一致の性質の退化は、まず服従性の減退として現れる。私の学説はこれだけだが、この考えに立って歴史を見渡すと、全部が服従性減退の歴史に見える。絶対服従の奴隷根性の減少は、多くの人は進歩とみなすが、私は協力一致の性質が滅び行く兆候と考える。協力一致の精神も絶対服従の性質も、団体間の自然淘汰が盛んに行われる間は常に進歩するが、団体間の自然淘汰が止まれば、直ちに退化していく。もっとも協力一致の精神も絶対服従の根性も、他の退化途中の器官や性質と同じく、退化の程度は人種や個人によって、はなはだしい相違がある」

「現代文明の特徴は、現実に対する不満である。ある者は自由平等を要求し、いまだに手にしないため不満である。ある者は世間が自由平等を要求するため、自分が今まで通りにわがままを出来なくなったことに不満である。他の者は世の中の仕組みを改めてみたが、結果が予期したことと違って不満である。不満の大多数を占めるのは、長い間服従を強いられてきたいわゆる民衆であって、彼らは今日のままでは我慢が出来ず、一日も早く奴隷状態からの解放を要求している。今日のように改革が盛んに唱えられるようになったのは、なぜだろうか。社会が変わったのか、人間が変わったのか。今まで平気で見過ごしてきたことに、新たに不満を感ずるようになった人間に変化が起こったためである。多数の人が耐えがたく感じる上級者からの圧迫は、昔のほうが激しかった。『泣く子と地頭には勝てない』と称してあきらめていたのは、人間が持って生まれた奴隷根性が大量にあったためだ。しかし今は何を見ても無理な圧迫と感じ、自由解放を叫ぶようになる。服従性の退化は、それだけ協力一致を困難にする。現代文明のいずれにも通じた兆候は、服従性の退化のために起こった現実に対する不満と、協力一致の減退を勘定に入れない幻影的理想に対する憧憬とである」

続いて望ましい文明のあり方を考えていく。着目するのが富の分配である。

「それでは今後、どんな文明が望まれるだろうか。原始時代の人間は多数の小団体に分かれ、生存競争が激しく行われていた。こうした自然淘汰が長く続く間には、協力一致の精神が発達し、酋長を中心にまとまっていた。団体が大きくなると、団体間の争いは緩慢になり、団体内で激しい勢力争いが起きる。かつてはいなかったような被治者が、自分たちのことは自分たちで世話をすると言いだし、酋長世襲の制度を廃止して、治者を自らの中から選ぶようになる。欧米の諸国の歴史を見ると、この順序で進んできたことがわかる。治者を自分らから選べば団体内がそれでよく治まるかといえば、そうはいかない。改革を求める者と拒む者がいて、改革を要求する中にも種々の党派がある。結局は力の争いになり、力の強い者の主張が通ることになる。しかし、誰の主張が通ったにしても、主張の通った者が権力を握り、他の者は圧迫される」

「貧富の問題を観察すると、現在の生活は無理だと感じる点が少なくない。各種の社会問題を煎じ詰めれば、みな富の分配の問題に帰着する。原始時代は、各自食物を求めて食べていたから貧富の差はない。分業が生まれ、物々交換するようになると、貨幣が生まれる。いったん貨幣のように重宝な物が世に現れた以上、生産者から安く買った物を高く売って利益を得ることを専門とする者が現れ、貧富の差が目立つようになる。貨幣を用いて商業を営み、物を貸して利子を取ることが行われ、富者はますます富み、貧者は貧しくなる。現代ではさらにその根本には、協力一致の精神の退歩と服従性の減少がある。この二つが太古のように継続していれば、何の問題も起こる余地がない。理想郷を描いた小説を読むと、奴隷根性がなく、協力一致の精神が発達した人間ばかりいるが、こうした人間は小説以外には容易に見いだせない。今日の実際の人間は、奴隷根性が退化したといっても大多数は５割～９割の奴隷根性を備えているから、人間を真に平等とみなした制度には適さない。奴隷根性を備えた人間は、目上の者を尊敬することは知っているが、自分と同等の者を尊敬することは知らないので、平等を基礎に置いた制度を活用できる望みはない。改革を実行することは結構だが、人間の協力一致の精神が退化していることに気づかず、小説のような理想が直ちに実現すると信じていると、失望も大きい」

さらに生殖、男女の関係について、筆を進める。

「次は生殖について考えてみたい。原始時代、女は絶対的に男に服従していたと思われる。女は服従を常態と心得て、協力一致の精神が盛んであったので、男はよく女を保護し、安全に子を生ませて育てさせた。女はある時期まで奴隷制の継続によって我慢していたが、服従性の退歩がある段階まで達すると、我慢が出来なくなり、女も人間であると要求する。これが婦人の自覚であるが、このような時機が到来した以上、同等の取り扱いをするのが当然であろう。結婚も自由恋愛の基礎の上におくべきとの説が、盛んに唱え出された。男女とも同じ程度教育を受ければ、女も大概のことは男と同様に出来る。女子の参政権運動も盛んになる。表面から見れば、文明の進んだ結果とも思われるが、裏から見れば人間の持って生まれた服従性が、だんだんと退化したためでもある。男女とも協力一致の精神が減れば、利己的な個人主義に傾くことになり、共同生活をすれば何かにつけて衝突が起きる。一方があるところまで譲歩して互いに折り合わなければならない。団体生活を営む動物において、団体内の個数の多いことは敵の団体に負けないための要素だが、子を生み育てる性質は、団体生活に必要な性質として自然淘汰によって次第に発達する。子育ては、損得や報酬を考えてはできず、ただ可愛いという一心でかろうじて成し遂げられる。子を育てるということは、実は団体の利益のために犠牲になって働いているわけで、子育てをよくする団体は繁栄する。団体間の自然淘汰が終わって、団体生活に必要な性質が退化すると、その一部として子を愛する心も減少せざるをえず、子を生むことも昔ほどめでたがらない。現代の人間が、子どもの多く産まれることを喜ばない一因は、経済上の理由からだ。子どもを育てる費用はずいぶんかかるから、豊かでない家庭が、子どもを生むのを躊躇するのも無理はない。避妊に関する知識の普及も影響を及ぼす。男女とも犠牲的精神が減って、利己心が強くなるだろうから、仲の良い夫婦が減り、離婚の数も増えるだろう。異なった民族が対立している世の中では、産児数の減少は民族の戦闘力をそがれるのと同じで、重要な問題として対策が取られるが、個人の利己心が盛んになり、避妊が一般的になれば、どうしようもない」

「協力一致の精神が退歩すれば、各個人の生活にも不利益になるが、これを防ぐためにできあがったのが、道徳と法律である。特に法律は、専門に学ばないとわからないほど複雑になった。現代は法律万能の時代だが、人類の利己心が増長し、悪を行う手段が巧妙になるに従い、ますます細かな法律が作られ、覚えきれぬほど複雑になるだろう。一方、道徳は刑罰で威嚇する力がないため、人類の服従性の退歩によってこれを恐れなくなる。何事も法律さえ触れなければいいと考え、道徳は眼中におかないようになる」

続いて教育と宗教、麻酔薬と迷信、異民族間の関係を論じていく。

「続いて教育や宗教にすがることになる。いずれも人類の服従性が旺盛である間は、強い権威を持っていた。しかし、服従性が減退し自由平等の考えが勢い増すと、誰もが自分の頭の上に何かがあることを快しとせず、すべて自分で判断しようとする。幼年のころは服従性もあるが、少年になると徐々に退化し、青年期に近づくとますます減少する。文芸はその時々の思想の反映なので、服従性が退化すれば、その結果が直ちに小説、脚本、評論、漫画などに現れ、服従性の退化した人がこれを読めば、大いに共感する」

「不満の苦痛から逃れるには、現実を忘れるのが最も手近な方便である。麻酔薬か迷信が盛んになる。個体間の競争が激しくなると、煩悶や不満が生まれ、意識が明瞭な間は一刻も念頭を去らず、苦しくてたまらない。苦しみから脱するには、意識を不明瞭にして忘れるほかない。酒やタバコが好んで用いられるのはこのためである。迷信は黒を白と信じ、短いものを長いと信じる幻覚で、人を夢幻の境地に遊ばせることが出来る。人類の服従性が退歩し、宗教や徳育が次第に権威を失うのに反して、迷信が盛んになる。こう考えると、現代の文明はがん患者が礼服で着飾っている状態に匹敵する。表面は輝いているが、身体の奥深くには病が進行している。民族の寿命は個人よりずいぶん長いので、各民族は治療につとめなければならない」

「最後に異民族間の関係を考えたい。今は未曽有の大戦争がすんだ後で、戦争の苦しみは十分に経験し、どんな苦しみを忍んでも戦争は避けたい、と思っている。そのために様々な工夫をし、その一つが国際連盟である。異民族間の争いは昔ほど激しくないかもしれないが、かといって緩和されるわけでもない。白色人種と有色人種を比べると、学問芸術においても殖産工業においても、白色人種が優っていることは疑いがない。文明の利器は白色人種が工夫創造したものであって、有色人種の発明はひとつもない。今後、地球上の白色人種の勢力が今以上に増し、有色人種はますます圧迫されるほかないだろう。白色人種の中の有力な２民族が反目し、次回の世界戦争がもし起こるとすれば必ずその間に起こる。理由は彼らを連合させる共同の敵がいないからである。白色の２大民族が勢力を争う場合、いずれもできるだけ多くの味方を造る必要があるため、有色人種の有力なものを仲間に引き入れる。白色人が二組に分かれるに従い、有色人も二組に分かれ、いずれかに加担する。白色人種と有色人種が分かれて戦うのは、両者が対等な位置に進んだ上でないとできないので、そのような時が来るのは疑わしい。恐らく当分の間は、白色人種が有色人種を圧迫しながら、味方として利用し、有色人種は白色人種の圧迫を受けながら一致団結するに至らず、いずれも民族間の混乱と民族内の混乱に追われて、日を過ごすことになるだろう」

人間の進化に従って、協力一致と服従性が退化するという理論は、丘の特徴でもあり、随所に出てくる。また、最後の部分で触れている白色人種と有色人種の関係は、予言的である。第2次世界大戦は、米国、英国を中心に中国なども加わった連合国軍と、ドイツ、イタリア、日本の3国同盟軍が戦った。対立構図は丘の言った通りになった。

第9章　自由

「自由平等の由来」（１９１９年＝大正８年）は、なぜ自由平等という観念が生まれたかを分析する。

「ある雑誌をみたら、次のように書いてあった。人類はその本質として自由を要求する。その証拠にいつの世でも、自由の叫びを聞かないことはない、と論じてあった。私はこの点に関して違った説を持っている。私の議論は、生物の進化を基本に組み立てている。次の３点を承知していないと、私の議論は了解できないだろう。第１は、生物は進化によって生じた物で、初めの先祖と後の子孫は著しく異なっている。第２は、生物のすべての性質は、長い間の自然淘汰によって今日の程度まで発達した。第３は、自然淘汰が働かない時は、淘汰されない性質が次第に退化する。洞穴では視力の優劣が生存競争に関係しないので、自然淘汰は行われず、眼は次第に退化する」

動物の団体を平等型と階級型に分けて論じていく。

「動物には単独で生活を営むものと、団体を造って生活するものがある。単独動物には、自己と子どもを守るだけの性質が備わり、団体動物には、団体として敵に負けないだけの性質が発達する。団体間の競争で勝つために最も必要な資質は、協力一致ということである。動物の団体協力には二つの型がある。一つは平等の型で、アリやミツバチに見られる。各個体が本能に従って行動することが、そのまま自然に一致協力の実をあげることになる。団体内の各個体は平等で、導くものもなければ、導かれるものもない。女王バチと呼ばれるものは、実は生殖専門の職工であって、決して他を支配している訳ではない。もう一つの型は階級の型で、団体内で腕力が強く、経験に富んで、戦いに巧みなものが大将となって無上の権威を振るい、他は絶対に服従する。大将が死ねば、残ったものの中で最も有力なものが、その地位を継ぐ。威張ることと服従することは正反対に思われるが、同一物の裏表に過ぎない。服従に甘んずる者は、位置を変えれば大いに威張る者である。一言でいうと、この型では階級的精神が心まで染み込んで、目上の者には絶対服従する性質が生まれながらに備わっている。二つの型は正反対に見えても、同じ目的を達するための異なった手段に過ぎない。平等の型は一身を捧げる本能が発達し、階級の型は絶対服従の性質が完全になっていく」

「人間はサルと同じように、団体には一定の大将がいて、無上の権威を振るっている。人間の団体生活は、階級型に属していると考えられる。生まれて後の経験で知恵を増すような神経系統を備えている動物では、団体を営む際は階級型を採用するほかに良策はないのである。階級型の団体はある大きさになると、指揮をする者と残りの2階級に分かれる。それぞれの階級で何段階かの区分が出来て、最上位の者は無上の権威をふるい、最下位の者は絶対に服従し、中間の者は上に服従しながら下に権威をふるう。階級型の団体が戦うとき、他の条件が同じなら服従性が先に進んだ者が勝つ。このような戦いが繰り返される間に、自然淘汰の働きによって服従性は養成され、完全に近づく。いずれの民族にも、必ず一度はこうした時代がある。封建時代がそれに相当する。肩書を重んじたり、席次を厳重に決めるのは階級制の特徴で、服従性の最も露骨に現れた形である」

「人間の団体には、他にない特別な事情がある。それは人間は脳と手の働きが優れているため、多くの道具を造り、用いることである。人知が進むと、通信や運輸が発達し、団体が大きくなっても不便は起きない。人間の団体は他の動物と違って、団体が無制限に大きくなることができた。しかし、団体の大きさがある程度を超えると、団体間の勝負が非常に手間取る。一方が負けても全部殺されるわけではなく、残りは生き延びて子を生むので、団体を単位とした自然淘汰は行われないようになる。自然淘汰がなくなれば、自然淘汰によって養成されてきた性質が退化する。これは全生物界の法則である。服従性の退化がある段階まで達すると、その時に初めて自由とか平等とかいう考えが出現するのである」

自由平等を服従性や階級との関係で論じていく。

「自由平等の考えが生まれるのと、服従や階級の考えが消え始めるのは、同じ事実を別の言葉で言い表しているに過ぎない。服従性がある程度まで退化すると、生まれながらの脳の構造がいくぶんか変化しているため、昔からの階級制度が不合理に見え始める。人が上に立って権威をふるい、その下で服従するのはどこに理由があるかと考える。とうてい我慢できないようになり、『我に自由を与えよ、しかざれば、死を与えよ』と叫ぶに至る。物の見方が変化すると、服従性の上に築き上げた階級制度は不合理に思われ、これを崩さないと人類の幸福は得られないと信じ、上位者に激しく反抗する者が出てくる。団体間競争に勝つために知識を増し、教育を進める。知識を増せば、それぞれ考える力がつき、理屈に合わないことは満足できなくなる。自由が叫ばれるのは、いつも文明がある段階まで進んだときで、早く文明の進んだ民族は早く自由を叫び始める」

「人間は服従性の退化によって、階級制度に対する反抗を激烈にする特殊事情がある。私有財産や利子、貨幣の誕生で、貧富の差が激しくなる。資本と労働の間に激しい闘争が起きれば、階級制度で過分の利益を得ていた上級者は、資本家と同じく労働者階級の反抗の的となる。協力一致の精神が十分に発達していれば、貧富の差が生まれても富者は、財産の全部を団体のために提供するから、何の問題も起きない。しかし現実には、協力一致の性質が退化しているので、制度の不備が現れ、自由平等を要求する思想が広がった」

「服従性は、階級的精神、奴隷根性と言ってもいいが、この根性が衰退して自由平等の精神が増加したのは、一朝一夕ではない。最初は突発的に少数の新思想家が生まれ、それを手始めに新思想家の数が増していく。今の文明国の思想は、古い思想と新しい思想が、それこそごま塩頭のように混じり合っている。新聞に先日、『偉人出でよ』という投書が載ったら、翌日には『偉人拒否』の反論が出た。偉人出でよは、喜んでその人に服従するという意味がこもっているので、階級的精神の退化しない人の声である。偉人拒否は、同じ人間を上に置くことを潔しとしないので、自由平等を求める叫びである」

混沌とした状況は生物学的に見れば、むしろ規律があると考察していく。

「今のありさまを見ると、混沌としているように見えるが、生物学的に考えれば、無規律に混沌としているわけではない。図式にすれば放物線のようなものだ。初めは上り坂、後は下り坂で、上り坂は自然淘汰の働きで協力一致の性質が発達した時代になり、下り坂は退歩する時代になる。

飛行機や潜水艦などが続々と発明され、文明が前進するありさまを目前に見ながら、人間は下り坂というのはいかにも奇を好む説に見えるが、人間を他の動物と同一とみなせばこう考えるほかない。上り坂の時代に発達した性質は、同情とか、博愛とか、上の者に服従するとか、弱き者を助ける性質である。下り坂の時代には、個人主義とか、利己主義とか、自由と独立とかいう性質である。今日の政治、経済、労働、思想などの問題は、協力一致の性質の退化によるもので、一括して団体生活問題といえる」

「以上、自由平等の由来の大略を述べたが、自由平等の将来も付け加えておく。宗教家や教育家がいくら骨を折っても、同情心や服従性は退化していくほかないだろう。自由とか平等は、今後どこまでも盛んになるだろう。どの書物を読んでも、現代の欠陥を指摘しているところは痛快だが、これを救うべき改造案は、どれも夢のようで実際に応用できるものはない。理由はこれら書物の著者には、人類が生まれながらに有する協力一致の性質が、次第に退化すると気づいた者は一人もいないからだ。国内で最も激しい戦いは、中世以来の世襲的特権階級に対する一般人民の争いや、資本家に対する労働者の争いのような人間の階級間の戦いだろう。自由や平等で理想の社会が現出するとは思わない。自由平等を叫ぶ人は、それによって世の中をよくしようと考えているから、その動機は貴い。自由平等の思想はますます盛んになるだろうから、これを得なければ満足しない人間が非常に多くなるに違いない。しかし、自由平等を目標にして社会を改造すれば、理想の世の中になるかは疑わしい。しかし、いかに改造すればいいかという名案もない。協力一致の性質が退化している以上、自由は隣の迷惑を構わない乱暴な自由となり、平等は始末のつかない悪平等になる恐れがある。いずれの文明国も当分は、現状打破と改造難の板挟みで苦しむであろうと推察する」

自由平等の思想が勢いを増すことを予測しつつ、それだけで理想の社会になるとは見ていない。丘らしい冷めた視点だ。自由と責任のバランスは時代を超えたテーマともいえる。

第10章　人生

最後は人生について書いた論文を取り上げたい。合理的な思考が特徴の丘だが、ここでは人間的な側面も出ている。「一種の人生観」（１９１２年＝大正元年）では次のように論じる。

「人生観の話をして欲しいという依頼だが、私に人生観があるはずもない。ただ、日々の行為を定めるに当たって、その根拠とすべき人生に対する考えを持たない人はいない。高位高官に昇ることを何よりの出世と心得て、極力これにつとめる人もあれば、一生平民として自由に暮らしたいと考える人もいる。さまざまな人生観がある以上、何が正しいかとは言えないが、多くの人は、自分の人生観が正しく、他は誤りだと固く信じているようだ。私は生物学的に観察する習慣があるが、海中に住む動物を生活状態によって３分類できる。①海の底の岩などに付着して動かず一生を送る動物②海の表面に浮かんだまま暮らす動物③自分の力で自由に水中を泳ぐ動物、である。人生観を問題にするのは、詰まるところ安心立命を得ようとする希望のためだが、人間が一定の信念の下に安心立命を得ている具合は、動物が岩に固着して安心している状態である。万世不易の真理と思うものに吸い付いて安心しているのである。しかし、真理は議論の立て方によるので、信じている人には動かない岩かもしれないが、実際は人工の張り子の岩かもしれない。海中を浮遊している動物は、どこへ行っても平気で、安心も不安もない。人生観のように勝手に造ることができるものは、最初からすこぶる怪しいとみなければならない。一定の人生観なるものを造り、わずかに安心立命を得るより、初めから岩に吸い付かず、身を波風に任せて浮かんだままで、安心立命ということも知らず、従って不安心不立命ということも知らない心持ちで生活することが結構ではないだろうか」

「落第と退校」（1926年＝大正15年）という論文もある。自らの体験を踏まえた主張で、当時の教育を痛烈に批判しながら、丘の人生を語っている。丘は評論で個人的な事情をほとんど書かないが、この一文は自分の学びの歴史とその時点での率直な思いを吐露している。

明治15年頃、日本の大学は東京にあった帝国大学だけで、一ツ橋にあった法、理、文の3学部と本郷に医学部があった。3学部には4年程度の予備門があり、大学に入るには予備門から進む仕組みになっていた。

「私は明治15年に予備門の入学試験を受けた。しかし、初日に漢文と英語の試験があり、不合格になったと記憶している。2、3カ月後に補欠試験を受けたら好成績で合格した。この時、入学試験は実に当てにならないと思った。補欠試験を受けた人は多く、合格は少なかったという。その時から、試験はくじだと思うようになった。予備門の２年に進むときの試験は、よくなかった。日本の歴史の点数が極端に悪かった。その時の歴史の先生は、歴史だけで落第させるのはかわいそうだと、進級させてくれた。２年になると、西洋歴史の点数が悪かった。１００点満点に対して、15点や20点が何度もあった。歴史の時間は先生が最初に私に質問をし、答えられないことが多かった。３年に進級するとき、落第した。しかし、点の悪かったのは歴史だけで、その他は良かった。２年にとどめられたが、歴史は相変わらず悪く、試験の結果、再び落第となった。他は相当によく、数学とか図画は１００点とか95点とかで、総点数は中以上だった。落第が２度続くと退校の規則があり、私は退校になった」

「点数の悪かった科目は、歴史のほかに漢学と作文があった。漢学はそれまで学んだことがないので、当然だった。作文は自分の言いたいことをわからせるように書くことだと私は思ったが、当時は多くの人にわからないような文章を作る技術だった。『豊臣秀吉を論ず』とか『足利尊氏を評す』という問題が出る。『豊臣秀吉は知らないから書くことが出来ません』と言ったら、先生は『日本で豊臣秀吉を知らない奴がいるか』と相手にしてくれなかった。白紙で答案を出したので、点数が悪かった。おかしいことは、作文で落第点をつけられた私だが、その後に書いた文章が中学校や高等女学校の教科書に名文の例として載っていることである。そう考えると、歴史も似たようなことがある。私が嫌ったのは、誰が何月何日に死んだとか、戦争が何月何日に始まったとか暗記することだった。今でもそのようなことを覚えたいとは思わない。この原因があったためにこの結果が生じた、というような物の変遷を極める歴史なら、私も大好きだ。生物の進化はひとつの歴史で、普通の歴史と異なるのは、ただ年月がはるかに長いという点にすぎない。私の歴史の点数が悪かったのは、私が歴史と名付けるものと先生や学校当局が歴史と名付けるものが、違っていたとこじつけられないこともない」

当時大学には、本科と選科があり、本科には予備門を卒業しなければ入学できなかった。予備門を退学になると、大学は選科に入らなければならない。丘は１８８６年（明治19年）、選科に入学した。

「私はいつも図書館から動物学の書物を借りて見ていたので、動物学者のあだ名をつけられた。自分でもその気になって、動物学科に進もうと思った。入学して席を同じくしたのは、予備門でいっしょに学んだ人たちだった。本科と選科は、同じ講義を聞き、同じ実験をやり、同じ試験を受けて進級した。３年目には同じように卒業論文を書き、同じように出版された。本科生と選科生は、同じ事を学んで同じ学力を得たにもかかわらず、世間や学校当局の取り扱いには大きな違いがある。本科生は学生と呼ばれ、卒業すれば学士になる。しかし、選科は生徒と呼ばれ、卒業しても称号はない。これらは考えようによれば、世間や学校当局が、自分たちは実力より形式を尊ぶ人間である、と吹聴しているようなもので、恥ずべき事だと思われる。選科生は肩身の狭い日陰者のように見なされ、自分たちもそう思っている。私は本科を尊び、選科を卑しむのは間違っていると考える。小学校や中学校なら、一定の科目を決めて学ばせるのもわかるが、大学はどれを学ぶかは生徒の自由に任せるべきである。そうすれば、好きな学科を学ぶから勉強をするようになる。アラカルト方式にすればいい。本当の選科になる。学科を組み合わせて平等に学ぶことは、一定量の我慢を要する。よく我慢したことを誉めるためにしているからかもしれない。嫌いなことを無理に学ばせるのは、それだけ好きな方への発達を妨げている事であり、時と労力の不経済だと思われる」

最後にドイツ留学の体験を書き、随想して終わる。

「私が最も愉快に勉強できたのは、ドイツにいた3年間だった。ドイツには本科や選科というけちな区別はなく、学科の選択も自由だった。聞きたい講義を聞き、国内のどの大学でも移ることが出来た。最初の1年間はフライブルグ大学に行ったが、いい先生がいないので、ライプチヒ大学に移り、ロイカルト教授の下で勉強した。自分の師と思っているのはロイカルト教授だけである。予備門で2度落第したとき、友人は先生の家に嘆願に行けと親切に言ってくれた。半日ほど上野の森を散歩して、『先生の家に3度行ったが、いなかった』とでたらめを言った。私の頭は奇形に違いない。これからも奇形のままで押し通すほかなかろう」

「不遇の楽しみ」（1934年＝昭和9年）では次のように論じる。

「『時にあわざれば孔子もお茶をひきたまい』という言葉がある。不遇について考えてみたいが、不遇の人の多くは、やや優れた力量を備えながら、それに相当するよりはるかに下の地位に置かれた人である。不遇の当人ははたで見ているより、はなはだしく不遇と思っているらしい。力量のやや優れた者が、それに相当する地位に置かれるには、上位の者に力量を認められ、抜擢されるしかない。不遇の人の不平は、いつも上位の者に人を見る目がないことに対してである。待っていても抜擢してもらえず、不平が講じてくると、奇矯な行動をして人を驚かしたりする。不遇の人は、日頃から十人並みの人たちを、自分よりはるかに劣っている者として軽蔑している。その人らが高位高官に登ったり、運が良くて大金持ちになったりするのを見ると、今度は権力や富貴そのものを軽蔑するに至る。不遇の人の中には、一生不平だけで終わる人もいるが、世間が尊重するものを何でも片っ端から軽蔑する段階に移る者も多い。権力や富貴を自分の心の中で軽蔑しているだけでは満足がいかず、そのことを世間に示したい。自分がすべての者を軽蔑していることを世に示すには、世を捨てて、山に入るのが一番なので、昔から不遇の人で山に入った者や寺に入った者が大勢いる。ここに一種の悟りが開けると、軽蔑から一段先に進んで、淡泊無欲な境遇に達する」

「何物をも軽蔑し去って、すべての絆から脱すると、人生観や社会観も次第に一変して世の中がことごとく滑稽に見え、富貴や権力を得ようとしている連中のやることが、いちいち馬鹿げて感じられ、諧謔の種がいたるところに見つかる。文にすれば立派なユーモア文学ができ、歌にすればとびきりの狂歌になる。欲がなくなればすこぶる気楽になり、見渡す世間がことごとく諧謔の種に過ぎなくなる。これが真の風流である。真の風流を志す人なら、まず故意に身を不遇の境遇に置き、何物をも軽蔑する習慣を作り、浮世の絆から脱するのが早道であろう。不遇の道の奥義を究めた者は、普通の生活の中で楽しむことが出来る。本当に笑うのは最後まで笑う者であると言うが、最後まで笑うことができるのは、何物をも軽蔑し尽くした者だけに限る。味噌の味噌くさいのは下等の味噌である通り、風流くさい風流は、決して上等の風流ではない。何物をも軽蔑し尽くして後に達した真の風流は、楽しいものであるらしい。その楽しみはほかでもない。実は俺は何物をも軽蔑しうる男であるという優越感を、ひそかに味わう楽しみである」

丘浅次郎の生涯

丘浅次郎が生まれたのは、天竜川の河口である。天竜川は遠州地方と呼ばれる静岡県西部を流れ、河口に掛塚という小さな町がある。

掛塚は川の左岸に位置し、かつては磐田郡竜洋町、市町村合併後の現在は磐田市の一部になっている。昔は堤防に囲まれた輪中だった。江戸時代には掛塚藩が一時置かれ、明治初期には右岸の浜松側の長上郡だったこともある。

丘浅次郎は１８６８年（明治元年）11月、この掛塚で生まれた。ホヤやヒルを研究した生物学者で、東京帝国大で学び、東京高等師範学校（現筑波大）で教えた。進化論を唱えて衝撃を与えたダーウィンを日本に広く紹介したことで著名だ。

丘は生まれた直後の１８６９年2月、大阪に引っ越した。父が明治政府の造幣局創設の準備に携わることになったからだ。父は造幣局で局長に起用されて活躍した。

なぜ当時、掛塚と大阪がつながっていたのか。今考えると不思議な気がするが、掛塚は江戸時代、天竜川上流の材木を江戸や大阪に運ぶ港町として大いに栄え、「遠州の小江戸」と呼ばれていた。

丘の家は大きな回船問屋だった。新政府にスカウトされた正確な理由ははっきりしないが、掛塚が遠州における海の玄関だったので、父の才能が中央に知られていた可能性が高い。掛塚は幕府領で、幕府を通じての情報とみられる。丘のつくった墓は生家近くの寺にある。

丘は戦前の知識人に影響を与えたが、戦後の知名度は高くない。最近取り上げたのは、作家の池澤夏樹氏で、「楽しい終末」という本に収録している。この本は、１９９０年～１９９３年に雑誌「文学界」に連載した文をまとめたもので、世紀末の地球文明や人類について論じていた。「恐龍《きょうりゅう》たちの黄昏《たそがれ》」の章で、丘の説を要約すると次のように紹介している。

「種には生存競争がある。有利な資質をもった種が競争に勝つ。勝った種では個体間の競争が激しくなる。個体は有利な結果をもたらした資質を進化させる。それが合理性を超えて進化した時、資質は奇形化し生存に不利になる。種は環境の変化に応じきれず、やがて滅びる」

池澤氏は「丘のおもしろさは生物の理論を人間社会に適用したところ」と指摘する。丘の論理を現代にあてはめて「われわれは自分たちでも制御できない技術とそれに由来する環境や資源という厄介な問題を抱え込んだ」と論じた。

それ以前では、筑摩書房が１９７４年から刊行した近代日本思想大系（36巻）で、丘の著作を１巻を割いて紹介した。自然科学者としては唯一だった。思想家の大杉栄、哲学者の鶴見俊輔、作家の司馬遼太郎らが丘を評価し、中国の魯迅にも影響を与えたといわれる。

普遍性ある思想

次に丘の著作や思想についてみていきたい。丘の主張は今の人たちとって非常に新鮮で、普遍性をもっていることだ。文章は巧みで平易、今でも通用する。

参考書籍としては、筑摩書房・近代日本思想大系の「丘浅次郎集」、幡鎌正周・さち江氏（浜松市）が２０１３年に自費出版した「人類は下り坂　丘浅次郎と『ダーウィン』邦訳の謎」がある。これらを要約しながら丘の思想をたどる。

基本的な人間観は「犬も猫も豚も人間も先祖は同一」（人類の誇大狂＝１９０４年）である。圧巻は１９０９年の論文「人類の将来」だ。動物の盛衰について「全盛を極めた動物が滅びたのは、滅亡すべき原因が内にあったのが一因」と分析。その上で、人類の病理や少子化を予言する。「人類は脳と手の働きが他の動物より優れて勝ったが、生活が自然から遠ざかり、体が弱くなり、貧富の格差が生まれた。神経は衰弱し、退化の現象を生んでいる。研究しておくべき大問題である」「生活の困難が身体に与える影響の第1は性欲である。生活の費用が高まるに従い、結婚して妻子を養うことが容易でなくなり、晩婚の風が生じ、中年以後まで結婚しない者が多くなる」

明治時代の論文だが、少子高齢化を予想したような内容で、恐ろしい洞察力で迫ってくる。最後に「人類はかつて全盛を極めた他の動物と同様、全滅を免れないとみなすのが適当であろう」と予言する。

教育に関する評論も多い。「我々の知識は薄暗いちょうちんの様なもので、足元を照らしているだけだ」（芸術としての哲学＝１９０６年）。「民族の将来を考えて理科の進歩を望むなら、自由に考えることを許さなければならない」（理科教育の根底＝１９１８年）。

ダーウィンの進化論を紹介した１９０４年の「進化論講話」では「戦争を全廃したいと考えている人もいるが、生物学上できないことだ。利害の異なる団体が存在している以上、ある種の戦争は避けることができない」と書いている。

現代に引き寄せて考えてみるとどうなるだろうか。人類が滅亡する原因を素直に考えれば、「核」だろう。丘が亡くなった翌１９４５年、原子爆弾が日本に投下され、現在でも核兵器の問題は深刻である。原子力発電所も問われている。東日本大震災での福島第1原発の事故は、自然に対する人間存在の小ささ、原発への恐れを教えてくれた象徴的なできごとと言える。

人類の戦争は不可避だと言ったが、空想的な平和論を排し、人間の本能を直視して戦争を避けろと説いた、と解釈した方がいいのではないだろうか。

丘が生まれた掛塚をはじめ、遠州灘沿いの海岸部は、東日本大震災による津波や原発事故の影響で土地取引が細ってしまった。震災後、掛塚で一番大きかった回船問屋の跡地には「売土地」の看板が立ち、空き地として町の真ん中に残っていた。

国際語に挑み、東京帝大選科で苦労

次に丘の細かな経歴をたどってみたい。生物学者として、本職はヒル、ホヤ、コケムシなどの研究だった。新しい生物を発見し、丘の名のつくものが7種類あったという。その延長線上で、生物学の知見を踏まえて人間社会について評論活動を続けた。それが大きな評判を呼んだことになる。

丘の業績はこうした生物研究や進化論の紹介、社会評論だけにとどまらない。「語学の天才」といわれ、10カ国語以上の言語に通じていた。便利な国際語を作ろうと、1890年に世界共通語の「ジ・レンゴ」を考え出した。

「我らの言葉」という意味で、ラテン語を中心にイタリア語やフランス語などから単語を選んだ。しかし、欧州で「エスペラント語」が3年前に提唱されていることを知り、ジ・レンゴを断念。日本人で初めてエスペラント語を学んだといわれる。

こうした業績を見ると、丘はある種の天才のようでもあり、大変なエリートにも思われる。しかし、実際はそうではなかった。

１９２６年の「落第と退校」という一文がある。東京帝国大学に入るには予備門という課程で３年間学ぶ必要があったが、丘は歴史の成績が悪く、漢学と作文も不得意だった。このため２回落第し、予備門を退校となった。歴史については「私が嫌ったのは誰が何月何日に死んだことを暗唱すること」と書いた。

帝国大学には本科と選科があり、本科には予備門を卒業しないと入れない。そこで丘は選科の試験を受け、入学した。歴史以外の成績はよかった。予備門を卒業して本科に進んだ人間との力の差も感じなかったという。しかし当時、本科と選科は厳然と区別されていた。

本科生は「学生」と呼ばれ、卒業すれば「学士」になる。選科生は「生徒」と呼ばれ、卒業しても称号はなく、図書館の利用にも制限があったとされる。帝国大の選科からは、西田幾多郎、鈴木大拙、新渡戸稲造ら後に活躍する大勢の人物が出ているとされるが、傍流であった。

丘は書く。「大学当局が、自分は実力より形式を尊ぶ人間であると吹聴しているようなもので、恥ずべきことと思われる」「おかしいのは、作文に落第した私が中学校の教科書に名文の例としていくつも載せられていることだ」

肉親が早くに亡くなる不幸もあった。丘は大阪の造幣局に勤めた父に連れ添って大阪で暮らしたが、父は１８８０年に病死。掛塚にいた妹もその直前に事故死し、母も１８８１年に亡くなった。兄は掛塚の大火で１８８３年に焼死した。丘を支え続けた祖母も１８８９年に亡くなり、20歳そこそこで天涯孤独の身となった。丘は次の和歌を好んだという。

「憂き事の　なおこの上に　つもれかし　限りある身の　力ためさむ」

生まれた掛塚という町と丘

最後に丘が生まれた掛塚と丘について考えたい。丘は出生直後に大阪に移り住んだ。11歳で父が亡くなった後、掛塚に戻ったが、ほどなく東京へ行き、後にドイツへ留学した。支援したのが、掛川の親戚で、経済学の先駆者とされる山崎覚次郎らを生んだ山崎家だ。家の周囲一帯は「松ケ岡」と呼ばれ、掛川市が保存活動に力を入れている。

丘が帰国して東京に住むことを決意した後、先祖の墓を建てたのは掛塚の生家近くの竜泉寺だった。

掛塚は「遠州の小江戸」といわれたが、１８８９年の東海道線開通で陸上交通が主流になり、衰退の道を歩む。当時の繁栄をしのぶ様子は、古い回船問屋の建物や蔵を除いてほとんどない。ただ、10月の第３土・日曜にある掛塚まつりが往時の栄華をかすかに伝える。

掛塚まつりの風情は、丘が生まれ育った明治時代も今も変わらない。屋台は彫刻と漆、螺鈿が豪華で、人の力で動かす。屋台の四方につるした「ちょうちん」には、ロウソクで灯をともす。

祭りばやしは県の無形民俗文化財で「京風」とされる。代表的なはやしは「御公家囃子《おくげんばやし》」。南北朝の動乱の時代、南朝の後醍醐天皇の子である宗良親王が遭難して遠州に漂着し、一行が伝授したと伝えられている。

裏付ける資料はないが、伝説の背景はある。南北朝は長く北朝が正統とされたが、幕末から明治にかけて南朝が正統という主張が台頭。１８７２年（明治5年）、明治天皇の意向で宗良親王を奉る井伊谷宮が建てられた。そんな時代風潮が伝説を生んだようだ。井伊谷宮は大河ドラマ「おんな城主直虎」でにぎわった龍潭寺の隣にある。

「小江戸と呼ばれた港町が衰退していく時、江戸の繁栄をしのびながら、みやびな都にあこがれる掛塚の人たちの思いが背景にある」と言われている。

ダーウィンを日本に紹介し、思想家として鋭利な光彩を放つ丘。「遠州の小江戸」と呼ばれた掛塚。しかし、丘は東大選科で苦労し、早くに天涯孤独になった。掛塚は東海道線開通で衰退し、今は東日本大震災の津波と原発事故の影響で土地取引は減った。

御公家囃子は日曜の夜、屋台が自分の町に帰る時に静かに奏でられる。祭りは終わる、ちょうちんが秋の風に揺れる、屋台から子どもたちの声は聞こえない……。名状しがたい哀愁と寂寥《せきりょう》を帯びている。丘の生涯と掛塚の風情はどこか通底している気がする。

丘浅次郎の年表

1868年（明治元年）

11月18日　遠江国磐田郡掛塚砂町（現静岡県磐田市掛塚）の回船問屋の次男として生まれる

1869年　2月　父が大阪造幣局創設の人材として登用され大阪に移住

1880年　10月　父39歳で急死

1881年　4月　母33歳で病死。その後、兄とともに掛塚に帰郷

1882年　7月　東京帝国大学予備門に入学のため上京

1883年　10月　兄18歳で病死、孤独の身に

1885年　7月　大学予備門を退学

1886年　7月　東京帝国大学動物学選科入学

1889年　国際語「ジ・レンゴ」の研究に着手

１８９１年　　　いとこの山崎覚次郎（掛川・松ケ岡）とともにドイツ留学。４月、フライブルグ大学入学。エスペラント語の存在を知り、日本人で初めて研究

１８９２年　４月　ライプチヒ大学に移籍。生涯の師と仰ぐカール・ロイカルトに師事

１８９４年　４月　日本に帰国

１８９５年　９月　山口高等学校の講師、教授に。山口市移住

１８９６年　５月　男爵・岩村道俊の三女月子と結婚。仲人は金原明善

１８９７年　９月　東京高等師範学校教授に。東京に転居

１９０４年　１月　「進化論講話」出版。日本初の進化論の啓蒙書で、ベストセラーになる。この後、１９４０年頃まで各種評論を発表。
主な評論に「人類の誇大狂」（１９０４）、「芸術としての哲学」（１９０６）、「人類の将来」（１９１０）、「煩悶の時代」「自由平等の由来」（１９２０）、「生存競争と相互扶助」（１９２１）、「サルの群れから共和国まで」（１９２４）、「人間だけは別か」（１９２８）、「趣味の語学」（１９３８）など。

１９３３年　３月　妻月子死去

1936年 3月　東京高等師範学校の非常勤講師辞任、公職引退

1941年　　　脳溢血で外出控える

1944年5月2日　死去。75歳（数え77歳）

おわりに

　丘浅次郎の世界は、いかがだったでしょうか。私は丘の生家のすぐ近くで生まれました。天竜川の河口です。若い頃、郷土誌で「生物学者・丘浅次郎」の名前だけを知っていましたが、詳しいことは全く知りませんでした。丘の主張に触れたのは、２０１１年の東日本大震災の後でした。多くの人がそうだったと思いますが、自然と人間について深く考え、関係の本をいろいろと読みました。その中に作家の池澤夏樹さんの「楽しい終末」（文藝春秋）という本がありました。「文學界」に掲載した文をまとめたものですが、「恐龍たちの黄昏」という論考に丘の主張が整理して掲載されていました。大変驚きました。

「生物は強みが弱みとなって滅びる。人類も例外ではない」という主張、しかも明治時代に実家近くで生まれた人が考えた事実。それから丘の論文をいろいろと読みました。新鮮な思想と主張を広く知って欲しいという思い、郷土の偉人として顕彰したいという思いが、ふつふつとわいてきました。

　仕事の合間の休日を使って少しずつ書きため、何とか本にすることができました。少し肩の荷が下りた気分ですが、重要なことは丘の思想を頭と心で感じて、人間がもっと謙虚になることではないかと感じます。人間は自然界の一部であり、自然の摂理に沿って、生物の多様性や自然界の関係性を大切に生きて行くべきではないか。国同士、人間同士は、相互に協調し、よりよく生きるために手を携えるべきではないか。きれいごとではなく、人類の本質を見据えた上での現実的な選択肢だといえるでしょう。

　まとめるにあたって、「丘浅次郎著作集Ⅰ～Ⅵ」（有精堂出版、１９６８年７月～１９６９年６月）、「近代日本思想大系９　丘浅次郎集」（筑摩書房、１９７４年９月）に掲載されている丘の論文を抜粋して要約しました。背景情報として「人類は下り坂　丘浅次郎と『ダーウィン』翻訳の謎」（幡鎌正周、幡鎌さち江著、静岡新聞社、２０１３年３月）も参考にしました。

　本書を読んだ皆さんが、丘のヒントや知恵をそれぞれの立場で生かし、人類が滅びないようになればいいなと思っています。

　また、丘の生涯については、２０１８年４月から連載している朝日新聞静岡版の「遠州考」で取り上げました。「遠州考」は、遠州地方と呼ばれる静岡県西部地方の歴史や風土、偉人の生涯などを通じて、新しい地域像を探ろうという連載です。一地方を取り上げていますが、人口減少で地方自治体の消滅さえ叫ばれる時代にあって、地域を再び活性化させるきっかけを探ろうという普遍性を持った内容、と自負しています。２０１９年３月までの連載は「遠州考　やらまいかを探る」（羽衣出版）として同年５月に出版しました。「励ましのジャーナリズム」になればと願っています。こちらもご一読頂ければ幸いです。

２０２０年１月　長谷川　智

〈著者プロフィール〉

長谷川　智（はせがわ・さとし）

1957年12月6日、静岡県磐田市（旧竜洋町）生まれ。磐田南高校、早稲田大学政治経済学部政治学科を卒業し、1980年4月、朝日新聞社入社。記者は、新潟、浦和支局、東京本社経済部、アエラ。管理職は、大阪本社・東京本社の経済部次長、アエラ副編集長、新潟総局長、東京本社経済部長、同編集局長補佐、名古屋本社編集局長、教育総合本部長などを歴任。2017年3月から浜松支局員（経済担当）兼掛川支局長。

連絡先　hasegawa-s@asahi.com

人間を考えるヒント
ダーウィン紹介者・丘浅次郎の知恵

令和2年1月1日　初版発行
定価　本体1500円＋税

著　者　長谷川　智
発行人　松原　正明
発　行　羽衣出版
〒422-8034
静岡市駿河区高松3233
TEL　054-238-2061
FAX　054-237-9380

ISBN978-4-907118-46-4 C0023 ¥1500E